効率と生産性を高め、
成果を出し続ける方法

ピーク
パフォーマンス

野上麻理

WAVE出版

はじめに

グローバル化、オンライン化する社会でのビジネスパーソンの仕事は常に変化し、日々新たなチャレンジを求められています。またデジタル化が、仕事のあり方、やり方を大きく変えたことで、求められる仕事能力の変化も加速しています。

同時に人口減少、高齢化、人生100年時代の中で、人が働く期間も長くなる傾向にあります。


この本は、私がビジネスパーソンの生産性をどう上げるのかについて、ほぼライフワークとして取り組んできた問題意識とノウハウをまとめたものです。

最初の原稿を書いたのは10年前、41歳のときです。それから体力は徐々に落ちはじめ、子どもの成長とともに物理的な負担は減るけれど精神的な負担は増え、また新たな業界、海外赴任、社長就任というさまざまな挑戦の場にあっても、同じノウハウを使って乗り越えてきました。今回は、その核心部分をお話していきます。

10年前は、子育てをしながら働き続けることや、ワークライフバランスが大きな社会問題となっていました。今も続いてはいますが、最近はそれに加えて、コロナ禍で仕事と私生活の切れ目がなくなったため、自分のパフォーマンスをどう最大化するか、ストレスをどうコントロールするか、定年延長で何を働きがいとしていくか、といった新たな課題が生まれてきています。

＊

私はごく普通のサラリーマンと専業主婦の家庭に生まれ、自分も結婚、もしくは子どもが生まれたら仕事を辞めて主婦になるだろうと思って育ちました。また、小さい頃から運動が大の苦手で、運動会ではビリ以外を走ったことがなく、体育の成績がいつもボロボロのまま小中高を終えています。

そんな私が、子どもを2人産んだあとも仕事を続け、海外赴任をし、社長になる。またフルマラソンでは3時間15分を切って走り、トライアスロンで年代別入賞するなんて、私自身にも子どもの頃を知っている人にも、とても想像できなかったと思います。

でも、それができるようになったのも、私の人生のモットーである
大人になっても、成長を止めない。
ワクワクする仕事と私生活の両方とも、諦めない。
という生き方を大切にするようになったからです。

仕事と家庭を両立させたいと思うようになったきっかけは、30歳になったとき、韓国人女性の先輩が、

「子育てしながら仕事を続けるのは大変。でも、仕事は私にチャレンジをくれるし、家庭は安心感をくれる」

と言うのを聞いて、

「仕事も家庭もというのは可能なんだ。チャレンジと安心感、私も欲しい」

と思うようになったことです。両立を諦めていたのが吹っ切れた瞬間でした。


ただ、当時はどうやったら実現できるのかはわかっていませんでした。そんな中で、「社員の生産性を上げる」という触れ込みの「コーポレートアスリート」というトレーニングに出合います。

まずは自分がトレーニングを学び、その後P&G社員数百人に自分がトレーニングすることになり、自分を含め多くの社員が仕事の場で応用実践し、目標達成に向かって進むことができました。まさに「教えることが、身につけるためにもっともよい方法」を実践できたわけです。

トレーニングを受けた中には、変われた人もいれば変われなかった人もいます。その差は、**自分の人生の目的や価値をどれだけつかめるか、くじけそうなときに諦めず、何度でもトライしなおせるか**です。

トレーニングを受けた方の中には、例えば、禁煙や運動を続けなければとわかっていても挫折してしまう、残業が多くて家族と十分なコミュニケーションが取れないなど、いろいろな悩みを持っている人がいました。

私も残業が多すぎて、ストレスが慢性化したことがありました。でも、このトレーニングをするたびに、その時々の課題を念頭にアクションプランを立て、課題に取り組んできました。

P&Gを卒業してトレーナーでなくなってからも、仕事と家庭の両立には課題が山積みでした。仕事では思いがけない出来事に遭遇し、ストレスで溢れそうになったことがたくさんあります。そんなときはいつも、このトレーニングを思い出し、アクションプランを立てなおして解決してきました。

＊

タイトルにある**「ピークパフォーマンス」は、アスリートの間ではよく知られている言葉で、最大のパフォーマンスを長期的、持続的に発揮すること。ビジネスのプロにも、このトレーニングの思想が求められているのです。**そこで本書では、

- **自分のエネルギーをマネジメントして、成果を最大にする**
- **そのために人生の目的意識を明確にして、仕事と私生活に向き合う**

ということを、普遍的な価値があるものとしています。

具体的には、次のような内容になっています。

①第一歩は、「時間管理術」から「エネルギー管理術」へと発想を転換すること。

②エネルギーには《身体のエネルギー（食べ物、運動、睡眠）》、《感情のエネルギー》、《思考のエネルギー（集中力）》、《精神のエネルギー（自分が人生で大切にしていること）》

という4つの種類があり、これらを理解し管理して増やしていくこと。
③仕事術（基礎的なビジネス遂行能力）を鍛えてエネルギーを増やし、成果を効率よく出すこと。
④エネルギーを増やすためにやるべきことや、自分が仕事と私生活で変えたいことを、「習慣化」という継続力で実行しつづけて結果を出すこと。

この本を手に取っていただいたあなたも、必ず最大のパフォーマンスを上げられるようになります。人間だから三日坊主は当たり前。失敗したらまた始めればいいのです。最初の第一歩をぜひ踏み出してください。

問題を解く鍵は自分自身の中にあり、解決するにはコツがあります。この本が、何かをできないでいる人、何かを変えたいけどできないでいる人にとって、

「よしやってみよう！」

と思うきっかけになれば幸いです。

２０２１年9月

野上麻理

CONTENTS

第1章 強い身体は食と運動の習慣から生まれる

第2章 感情をコントロールすれば誰にでも対応できる

第3章

ルーティンをつくれば集中力が高まる

第4章 今の自分をなりたい自分に変えていく

第5章 基礎能力を鍛えれば生産性も効率も上がる

第6章 「習慣の力」は必ず成果を生み出してくれる

装丁 tobufune（小口翔平＋須貝美咲）
DTP NOAH
編集 大石聡子（WAVE出版）
編集協力 藤原雅夫
図版 kinako

序章

仕事はかける時間ではなく
エネルギーで決まる

パフォーマンスを最大化するには
時間を管理するのではなく
エネルギーを管理する。

ビジネスのプロは時間よりエネルギーを大切にする

ビジネスプロは成果を出しつづけなければならない

「はじめに」で、私がP&Gで「コーポレートアスリート」というトレーニングのトレーナーをしていたことに触れました。コーポレートアスリートの目的は「ビジネスパーソンの生産性を上げる」もので、トレーニング自体は今でも存在し、実施されています。

私がこのトレーニングに出合ったのは30代の前半。ラーニングの冒頭には「トレーニングのタイトルに、なぜコーポレートアスリートという言葉がついているのか」という説明があります。

トレーニングの創始者であるジム・レイヤー博士は、超一流のスポーツ選手のメンタルコーチをしていました。選手たちがオリンピックやワールドカップなどのメジャーな試合で、最高のパフォーマンスを出せるようにサポートしていたところ、同じように究極の場、プレッシャーの強い場で最高のパフォーマンスを要求される人々、例えばＦＢＩ捜査官や外科医、さらにはビジネスパーソンにも、氏の理論が当てはまることがわかったのです。

それで、「コーポレートアスリート」というタイトルで広めているということでした。

このトレーニングを、まずは普通に受け、その後トレーナーとして教えるだけでなく、実際に仕事をしていく中で理論の正しさを確認し、また、やり方のコツを実生活でつかんできた――というのが、私の**「仕事でも私生活でも最高のパフォーマンス、成果を上げる」**というやり方です。

理論の前に学ぶこととして、ビジネスパーソンは持続的にパフォーマンスを出すことを要求され、その時間軸はスポーツ選手よりもずっと長い、ということがあります。

スポーツ選手は競技人生の終わりが30代、40代と体力の衰えとともにやってきます。しかし、ビジネスパーソンにとって30代、40代、50代は、体力は落ちてきはしますが、仕事上の責任は増していくときでもあります。

また、スポーツ選手であれば練習時間のほうが、パフォーマンスを示す試合に出ている時間よりも長いですが、ビジネスパーソンの場合、トレーニングや研修の時間というのは、OJTを除けば1割にも満たないでしょう。実践時間が長いということです。

そんな中で最高のパフォーマンスを持続していくには努力が必要で、漫然と経験を積んでいってもパフォーマンスは維持されない、ということを最初に説得されます。

うーん、ここまでは確かに。でもどうやって?

時間よりもエネルギーを管理する

ここからは、次の2つの理論がこのトレーニングの中核になります。

①パフォーマンスを最大化するためには、時間を管理するのではなく、エネルギーを管理する。

②そのエネルギーを一貫して管理して増やす。

時間に追われるプロであれば、時間管理術を学びたい、ワークライフバランスを時間管理で最適にしたい、と思うのは普通のことですが、このトレーニングでは、まず「**パフォーマンスの最大化」と「時間の管理」は別のことである、**ということを叩き込まれます。

「時間」は誰にでも平等にあるもので、どんな人にも24時間しかありません。継続的なパフォーマンスが要求される場合には、睡眠を削っても限度があります。であれば、増えない「時間」をどう使うかということ以上に、成果を上げるために増やせるもの、つまり「エネルギー」を管理して増やすほうが結果につながるというのです。

この考え方は、最初に聞いたときには「え？」と思いますが、普通に考えれば当たり前のこととも言えます。誰でも同じ仕事をするのに、例えば集中力が高いときにかかる時間と、疲れて集中できないときにかかる時間とでは、大きく違うという体験はあると思います。

また、同じ仕事を違う人がやる場合には、その人のスキルの差によって、これまたかかる時間が大きく変わってきます。つまり、増えない時間を増やすことよりも、同じ時間内に、より効率的、効果的に結果を出すようにしていくことが重要であり、そのために必要なのが、「エネルギーの管理」と「基礎的なスキル」というわけです。

人は4つのエネルギーで強くなる

エネルギーに関して言うと、まず、体調不良であれば仕事がはかどらない。例えば徹夜明け、私の場合だとお腹がすいているとき、といった単純な**身体面への影響**があります。

若い頃の私は、失恋して落ち込んで仕事が手につかない、ということもありました。先輩に叱られて、その内容よりも叱られたこと自体がショックすぎて仕事が手につかない、ということもありました。**感情面への影響**です。

体調だけでなく、例えば朝1時間で片付くメールの処理が、夕方になるといろいろな邪魔が入って全然片付かないというのは、誰にでも経験があるでしょう。**思考への影響**ですよね。

さらには、自分が好きな仕事、やりがいを感じる仕事だとはかどる、まわりの人がいつも以上に手伝ってくれてはかどる、といった**精神面への影響**を感じたことがある人も多いのではないでしょうか。

これらは、まさにビジネスのプロがパフォーマンスを最大限に発揮するための「4種類のエネルギー」となります。

- **身体のエネルギー**
- **感情のエネルギー**
- **思考のエネルギー（集中力）**
- **精神のエネルギー（自分が人生で大切にしていること）**

どれも当たり前のことかと思いますが、大切なのは、**これらのエネルギーを自分が管理して増やせる**ということです。

これはマズローの法則と同じようにピラミッド構造になっていて、まず**身体**を整え、**感情**をコントロールし、**思考**を明確にして、**精神**と同じ方向に合わせていけば、最大のパ

■4種類のエネルギーの関係

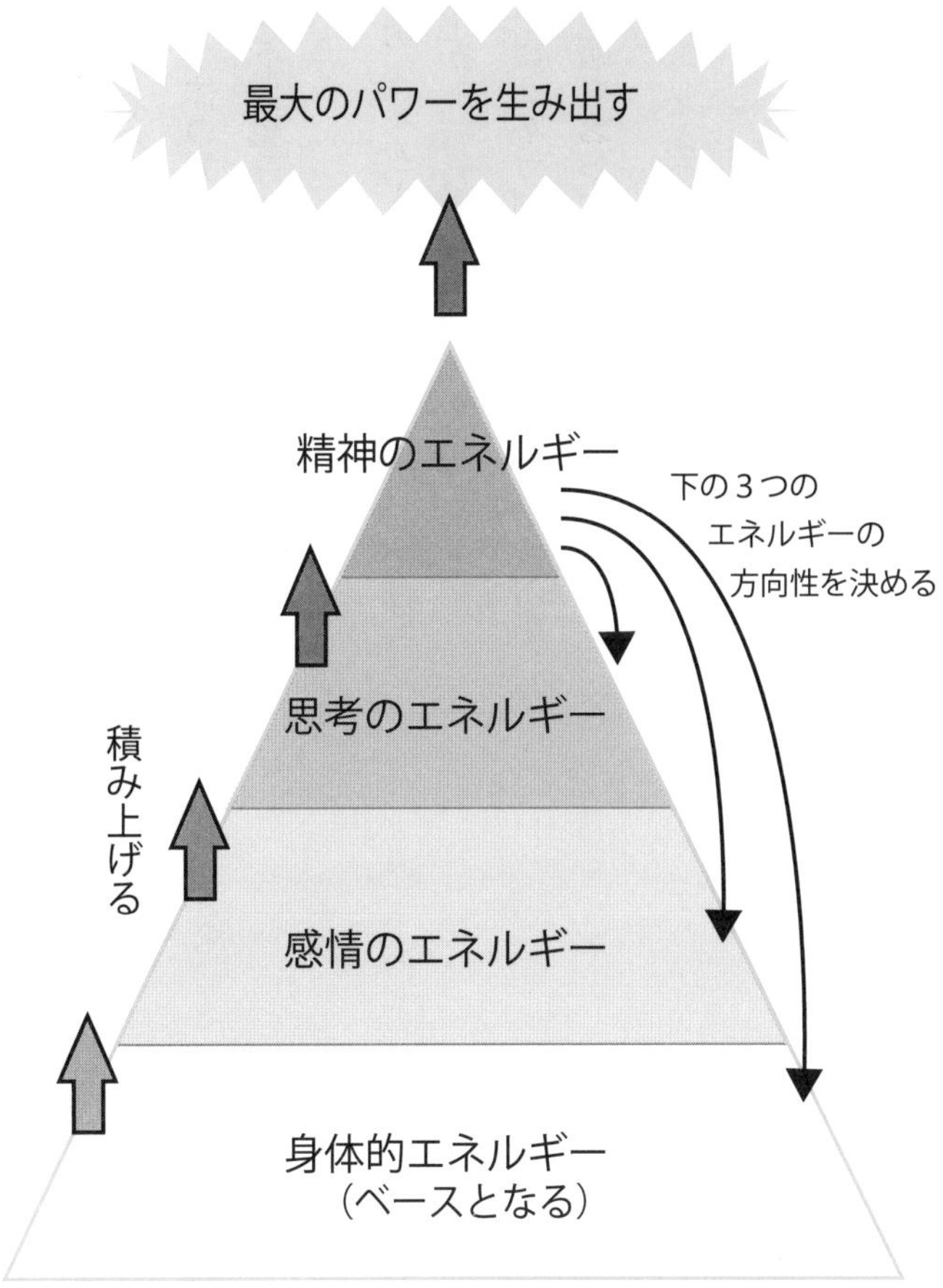

ワーが得られます。

《身体のエネルギー》がもっとも基礎的なエネルギーでベースになり、《精神のエネルギー》が全体の方向を定め、下の3つのエネルギーを統制することで、最大出力を生み出せるという仕組みになっています。

ここで、

「《身体のエネルギー》はともかく、《精神のエネルギー》って何？　それが筋肉みたいに鍛えられる？」

と頭の中に「？」がいっぱい飛んでいると思います。

では、順をおって説明していきましょう。

仕事は、かけた時間ではなく成果で評価される

発言しない人は評価されない

私が新卒でP&Gに入社して驚いたこと。それは、自分の育った環境によって、一つの物事が正反対に評価されることがある、ということです。

日本人社員がもっともとまどうのが、「発言をしない人は、プロジェクトや会議に貢献していない」というもの。

「沈黙は金」というのは、もともとは「雄弁は銀、沈黙は金」というイギリスの歴史家の言葉から来ているそうですが、ことグローバル企業では、「しゃべってなんぼ」というと

ころがあります。文化背景の違う多様な人材が集まって仕事をしているのだからかもしれません。

また、私たちのアメリカ人社員に対する、ある意味で悪いステレオタイプとして、口グセと思われている「〇〇さんの意見に付け加えると」というのがあります。意見があるふりをして、前の人の意見を繰り返しているだけじゃないかということです。

これなんかは、同じことを言うくらいなら、恥ずかしいから黙っていたほうがまし、と思っている日本人からすると、相手がバカに見えてしまうのです。

ところが、新入社員で入った初日から、
「とにかく発言をしろ、発言しないならミーティングに出るな」
という環境で教育を受けるのですから、多くの日本人がとまどいます。

人によっては、
「無駄なことを発言するのは、私の価値観に合わない」
と価値観の問題として捉えてしまって、悩むケースもあるくらいです。

できる人は短時間集中型で効率を上げている

発言を求められることに加えて、日本企業とグローバル企業とでは、労働時間の長さほど評価を大きく分けている項目はないでしょう。

もちろん、私が過去に働いていたグローバル企業でも、住所が国内であれば働いているのは日本人がほとんどなので、残業をしない人は怠けていると思われるケースはずいぶんありました。

私がいた部署も含めて、

「ボスがオフィスにいるので帰りにくい」

という声は多く聞きました。新入社員から受ける一番多い質問は、

「結果主義なのだから、結果を出すためにがんばって残業しているのに、何がいけないんですか？」

というものでした。

日本では、長時間働く人の中には仕事が趣味という人もいるのですが、欧米では、

「オフィスで長く残業しているのは仕事ができない（効率が悪い）証拠」というのが一般的な考え方です。

私はワーキングマザーで、仕事時間の長さでは仕事しかしていない人には到底かなわないのと、20代の後半にこれでもかというくらい長時間働いて、仕事の成果にまったく結びつかなかった経験から、**長時間（とくに目的意識なく）働くのは、仕事ができない証拠**、と固く信じています。

また、キャリアを積んでいきたい人のほとんどの職業が頭脳労働であることを考えると、物理的な結果より、革新的なアイデアで生産性の高い成果を出そうと思ったら、会社でパソコンの前に長く座っているほど、もったいないことはありません。

最近、日本の会社でも時間管理型の労働スタイルから、ジョブ型雇用といって成果で管理する労働スタイルへの移行がやっと始まり、また在宅勤務が広がったことで、社員を時間や場所で管理することの限界を、多くの経営者が感じていると思います。

これからますます成果が重視されるようになるということは、長時間働けないワーキングマザーにとっては大きな朗報です。そして男性女性を問わず、「仕事だけではない人生を送りたい。キャリアも私生活も長く楽しみたい」という両方追求派にとっても、いい方向に向かっていると思います。

現実を見ると、**デスクに長時間座って仕事の成果を上げることを第一に考える、という時代はすでに終わっています。**

私も、自分でも「いけてる！」と思うアイデアを思いつくことが、たまにあります。そのほとんどが、オフィスの内外にかかわらず誰かと話をしているときか、ランニングをしているときで、自分の机でパソコンに向かっているとき、というのはほとんどありません。

また、新入社員ならともかく、40歳、50歳と年齢を重ねていく中で、より高いパフォーマンスを出そうと思ったら、**「一生懸命長時間働く」ことから、「オンとオフをしっかり切り替えて効率よく働く」**というように変わらざるを得ないのです。

自分の全エネルギーを把握して上手に使う

自分のエネルギーレベルをチェックする

では、どうすれば、成果につながる働き方、メリハリのついた働き方ができるのでしょう。それは、**自分のエネルギーの管理を、エネルギーレベル（調子）を自覚、把握することから始める**のです。

私は、**メリハリのついた仕事をしながら成果を上げる**ためのイメージとして、自分がゲームのキャラであるという感覚を持っています。

次頁のようにキャラの横にエネルギーレベル計がついていて、戦うとエネルギーが下が

エネルギー補充のためのイメージ

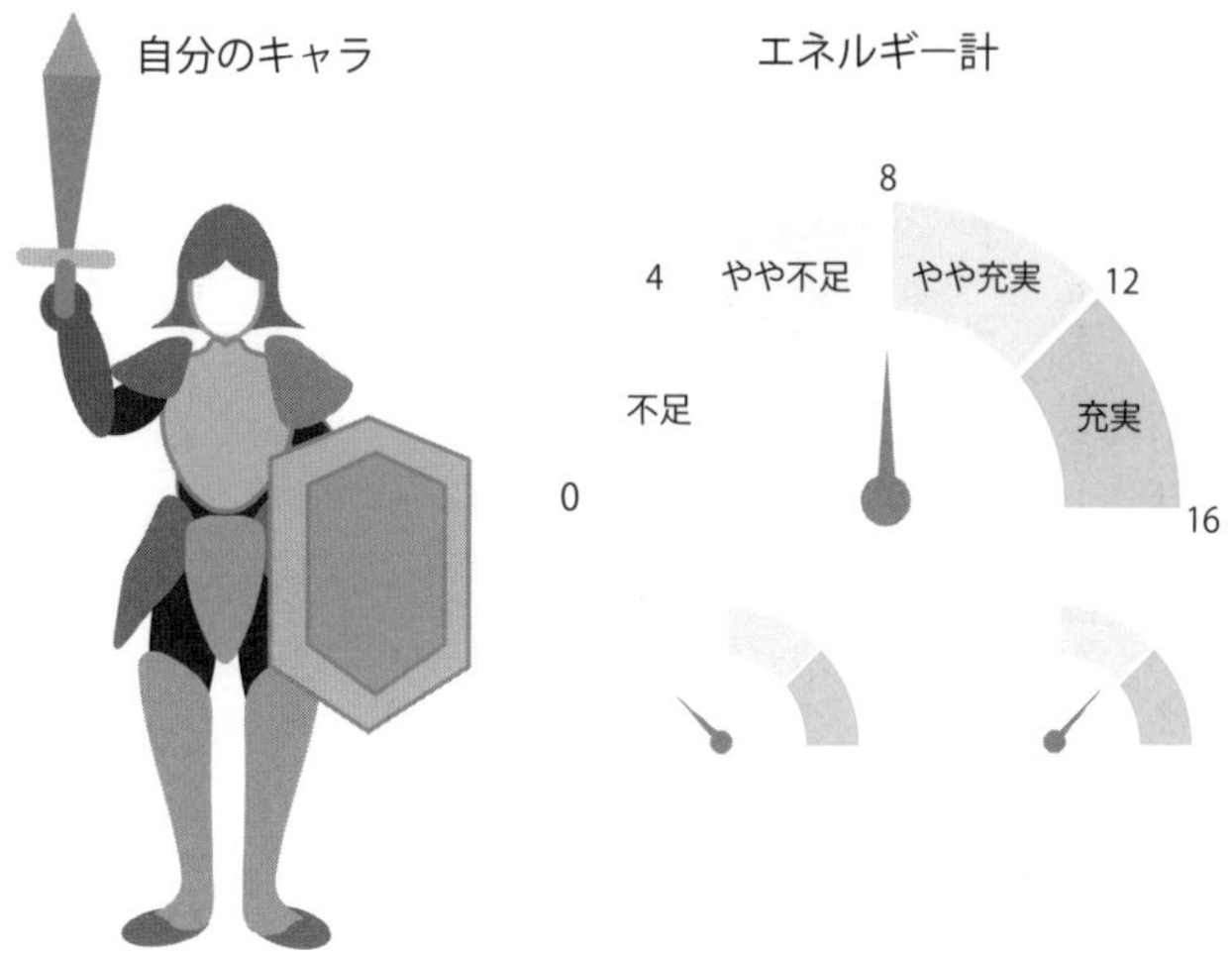

り、0になるとゲームオーバー。エネルギーがフルで戦績がよければアイテムをゲットし、疲労しても時間がたてばエネルギーが戻るというものです。

なぜこんなイメージをするかというと、成果につながる集中力、それを維持する力を持つためには、単に時間をかけるのではなく、エネルギーをつくり出し、継続し、使いどころをしっかり見極めることが必要だと思っているからです。

では、エネルギーはどうやったらつくり出せるのか。キャラの場合はエネルギーレベル計がいつも横に見えているので、ここでエネルギーを補充しないといけないとか、ここで使うとエネルギーがマイナスになってゲームオーバーになるというのが明確ですよね。

実は、エネルギーマネージメントの第一歩は、この**エネルギーレベル計を自分の横に置くことから始まります**。これで現在の自分のエネルギーが高いか低いかを、いつでもわかるようにしておくのです。


実際、前述の「コーポレートアスリート」のトレーニングの最初にやるのが、自分のエネルギー状態を答えてもらう、ということです。

「もし最高のエネルギーが16で、最低が0だったら、今の自分はいくつですか？」

ただ、自分のエネルギーを脈拍のように計るというのは難しいもの。なので、それを簡単にするために、4つのエネルギーに分けて答えてもらいます。

この4つの答えを足すと、最低点がすべて0の合計の0、最高点がすべて4の合計の16となります。これなら誰にでもエネルギーレベルを答えることができます。

26頁で「エネルギーには4種類ある」とお話ししました。一つひとつのエネルギーの役割と鍛え方を順番にお話ししていきますので、右の質問にある4種類のエネルギーを、別々に理解するようにしてください。

□あなたは、今肉体的に疲れていますか？　それとも元気ですか？　【0〜4】
□あなたは、今感情的に否定的ですか？　それとも肯定的ですか？　【0〜4】
□あなたは、今集中できていますか？　【0〜4】
□あなたは、今自分の関心事に関連のあることをしていますか？　【0〜4】

スポーツ選手や、素人でもスポーツのトレーニングをしている人は、自分の疲労度や集中度をだいたいは答えられるでしょう。

私も前にeメールコーチについて、ランニングのコーチングを受けていましたが、自分の疲労度を記録するというのが最初の宿題でした。このクセをつけると、自分のエネルギーの高いときと低いときがよくわかるようになり、自分のエネルギーを管理する方法をだんだんと身につけられるようになります。

例えば、普段の自分の調子を2として、疲労度がかなり高いときが0、最高にパフォーマンスを上げられそうとか、エネルギーが満ちている感覚があるときが4。

ランニングのコーチから、「足の疲労度と呼吸を分けて記録してください」と言われたとき、確かに足は疲労しているけれど、息は上がっていない、あるいはその逆があるな、というのがだんだんとつかめてきます。これができると、トレーニング方法をいろいろ工夫できますよね。


同じように、自分のエネルギーレベルをある程度客観的に把握することこそが、エネルギーマネジメントの最初のステップです。

ただ、肉体的な疲れは把握しやすいのですが、感情や思考については、高い状態と低い状態を見極めるのに、しばらくの間意識しつづけることが必要で、時間がかかると思います。とくに注意しなければならないのは、自覚なく疲れがたまっていたり、集中度が落ちていたりする場合です。

プロは肉体的、精神的な疲労をコントロールする

会社に入って3年目くらいのときに、入社面接をしてくれて2年目以降私をみてくれていた上司から、

「森田（私の旧姓）、最近たいしたことないな（前はもっとがつがつしていて、パフォーマンスも高かった）」

というようなことを言われました。

そのときには自覚はなかったので、はっとしたのですが、考えてみると確かに、以前よりモチベーションが落ちている気がして、「いかん、いかん」と自分にカツを入れなおしました。

みなさんも、自分では疲れているつもりがなくても、

「どうしたの？　最近疲れてない？」

とまわりから言われた経験はないでしょうか？（女性の場合、これを言われるのは実は肌

の調子が落ちているとか、肌のエイジングが進んでいるという、別の問題をかかえている場合もあるので、要注意！）

あるいは、ついつい自分はいつもがんばりすぎて、倒れてから無理がたたっていたことに気づくとか。

私も30歳前で人生でもっとも長時間働いてストレスがたまっていたときには、まったく自覚症状がありませんでした。

幸か不幸か、私は体がもともと丈夫なこともあって、ストレスがわかりやすい肉体疲労には出にくく、当時はホルモンのバランスを崩してしまって、1年間以上生理がまったくこない、という状態でした。

皮肉なことに、当時は生理用品のブランドマネージャーをしていたので、よく、

「新製品、使ってみてください」

と研究所の人から言われることがあり、まさか「生理がないんです」とも言えず、それでもとくに体が痛いわけでもしんどいわけでもなかったので、「まあ、面倒くさくないし、ちょうどいいか」と、ほったらかしにしていました。

さすがに1年以上ないのはおかしい、と重い腰をあげて婦人科に行ったら、「どうして今まで放っておいたんですか！」と叱られました。それからしばらく治療をして正常に戻ったのですが、それからも、チック症が出たり、唇が荒れていつもがさがさだったり、いろいろなところにストレス症状が出ていました。

今、社会的にメンタルヘルス面の問題が大きくなり、私の部下がメンタルヘルスで休まなくてはならなくなったことが何度かあります。

会社でも、どうやってメンタルからくる病欠を減らすか、ということに真剣に取り組んでいますが、非常に難しいのが、本人が自覚してSOSを出せるころには、もう手遅れになっていることが多いという点です。

ビジネスのプロである以上、自分が最高のパフォーマンスを出せる状態を自己管理することは、スポーツのプロと同じで大切なことです。

普段から自分の調子がいいのか悪いのか、まずはわかりやすい体調の把握から始めて、感情面や思考面でも状態を把握できるようにしていきましょう。

体調は《身体のエネルギー》チェックでわかる

「どうやって体調をキープしているのですか？」

これはよく後輩から受ける質問です。私の答えは、

「まずは体調を把握すること」

最初は意識していないと、勝手に調子が上がったり下がったりします。そのとき、ただ「調子がよい」「悪い」と思うだけだと対処のしようがないのですが、これを「エネルギー」に置き換えると、上がったり下がったりするのは当たり前なのだから「エネルギーが低い＝悪い」でとどまらず、「ならばエネルギーを上げよう」と思えるようになります。

まずは、自分のエネルギーレベルをできるだけ客観的に見るクセをつけること。これだけでだいぶ違ってきます。

次におすすめしたいのが、**実際に体を動かして疲労度を自覚できるようになること**です。私の場合、ランニングを始めてよかったことがたくさんあるのですが、そのひとつが

疲労度の自覚です。

というのも、心拍数やタイムを計るので、自分が自覚している調子や疲労度と実際の数値を比べて、そのギャップをできるだけ埋めるように意識する練習ができるからです。


このクセがつくと、自分が完全にダウンする前に「あ、落ちてきたな！」と気づけるので、調子が落ち切ってゲームオーバーになる前に対処できるようになります。

ランニングをしていなくても、毎日同じことをしているとき、例えば出かける前の用意をしたり、駅の階段を上ったりしているときに、「今日は楽に感じるな」「今日はしんどく感じるな」といったようなことで比較をするのも、《身体のエネルギー》をチェックするのによい方法です。


《感情のエネルギー》の場合は、プラスマイナスを意識するようになるので、マイナスの感情を持っているときでさえ、冷静になれば、

「私は今、ネガティブな状態にあるんだ」

とわかるようになり、感情のコントロールがしやすくなります。

「そうは言っても、どうしても心配性で、ポジティブになれって言われてもねー」

という方もいらっしゃるでしょう。でも大丈夫。

私は、生まれながらの性格の話をしているのではありません。あくまで、仕事上で感情を最適にコントロールするという話なのです。これについては、第2章の《感情のエネルギー》のところで詳しく説明します。

エネルギーを使っている状態をイメージする

次に、「調子＝エネルギーレベル」という考え方ができるようになると、調子つまり自分のパフォーマンスを上げるために、いろいろなエネルギーのイメージを使うことができます。

私がよく描くのは、SFモノに出てくるロケットが、ブワッと炎を噴射して加速しているイメージ。ここぞ！　というときには、思い切って〝加速エネルギー〟を使うのです（次頁図）。

加速エネルギーでパフォーマンスを上げる

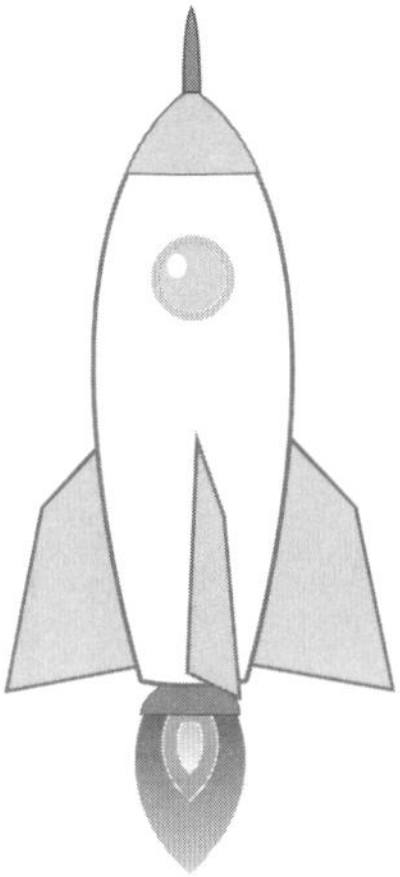

エネルギーですから、何かにぶつけたいときには、量も重要ですが、狙いを定める、つまり正しい方向に集中して向けることも同じくらい重要だ、ということもわかっていただけると思います。

そして、エネルギーですから、よくゲームに出てくるように、だんだんと減っていって、補充してあげないと最後はガス欠になります。エネルギーですから、減って当たり前。減るのがいけないのではなく、目的のためにエネルギーが下がったら、休養をとったり、感情や集中力をコントロールして補給する練習を積むことです。

パフォーマンスを上げるとか、より大きい成果を出したいときに、エネルギーの使用は時間の長さではないという簡単な例が家事です。

私は、仕事における成果のＲＯＩ（投資効率）には、かなり自信がありますが、こと家事に関しては、まったく自信がありません。

うちはスウェーデンに赴任するまで、ずっと私の母親が週に2日手伝いに来てくれていたのですが、私よりも圧倒的に短時間で、圧倒的においしい料理をたくさんつくれるのです。同じ時間内で、なぜあんなに質の高い成果が出せるのか、私にはまねをしようにも、まったく太刀打ちできませんでした。

では、なぜ同じ時間を使っているのに、成果に大きな差が出るのでしょう？

理由はいろいろあります。**仕事でも私生活でも、最大のパフォーマンス、成果を出したいのであれば、そのことに興味を持って、最高のエネルギーを振り向けることが必要**で、そこには技術も関係することがおわかりいただけるでしょう。

なのに、会社の仕事のこととなると、まだ多くの日本人（とくに男性）が、長時間働い

■最大のパフォーマンスを出すために必要なこと

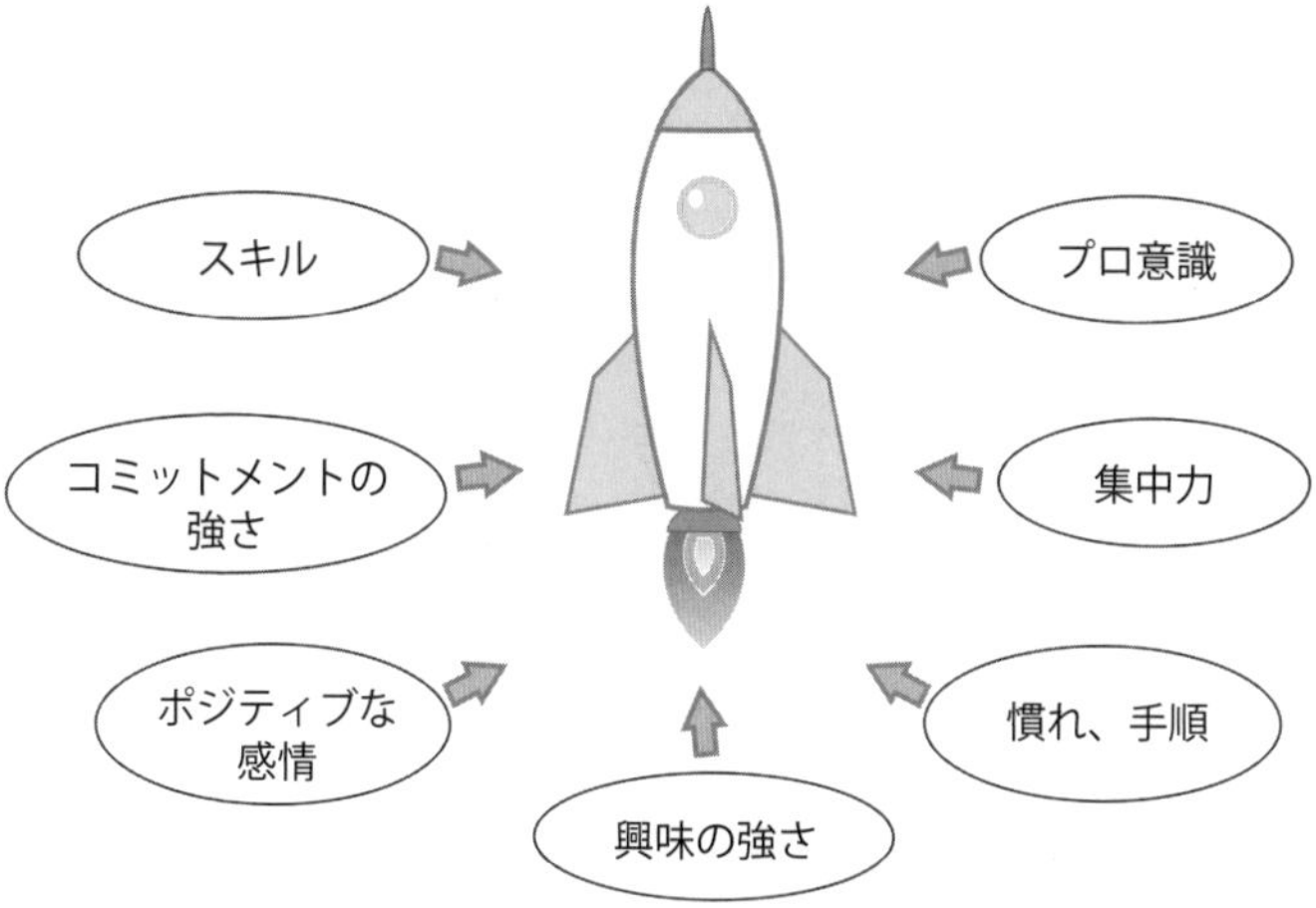

ている人のほうが仕事をしている、あるいは成果を多く上げている、と考えているように見受けられるのが不思議でなりません。

また、エネルギーのコントロール（集中力、ポジティブな感情、興味をもって取り組んでいるか）に加えて、スキルが非常に重要であり、スキルのあるかないかが、実はかかる時間を一番左右している、ということも明白です。

スキルの低い人は時間をかけざるを得ない、時間をかけてもスキルの高い人にはかなわない、というのは言うまでもないことですね。

では、仕事におけるスキルってどういうも

ので、どう上げるのでしょう？　これについては、第5章でお話します。

体調を管理して最高の状態に保つ

自分のエネルギーレベル（調子）を把握できるようになってきたら、どんなときに上がって、どんなときに下がるのか、パターンを把握してみましょう。

自分がどんな仕事をしているときには調子がよくて、成果がたくさん出るのか。1日の時間帯だったら何時くらいか……必ずパターンがあります。

これをやると、エネルギーが身体全体の調子から仕事の成果までを大きく左右していることに、今さらながら気づかされるでしょう。

私の場合は明らかに、眠いとき、おなかがすいているとき、体調が悪いとき、私生活で気になることがあるとき（独身時代には、とくに恋愛問題）に、パフォーマンスが落ちていました。

とくに睡眠時間が取れていない日が続くとボーッとしますし、ふだん健康なぶん、ちょっとでも体調を崩すと、集中力がとても落ちるのも自覚しました。これは、多くの人にあてはまるでしょう。

あまり意識していなかったかもしれませんが、**ビジネスパーソンにとっても、体調の管理というのは、スポーツ選手と同じくらいに重要なのです。**

ここでいう体調というのは、本来自分が体が強いか弱いかということではなくて、**自分で体調管理してベストな状態をキープできているか**ということです。

丈夫に生まれる、人より体力があるというのは、個人差の大きいもの。**体調は意識すれば大きく改善できる割に、頭脳労働者であるビジネスパーソンはあまりできていない**ことは、トレーニングを教えていてよく感じます。

このように、エネルギーレベル（調子）というものは、いろいろな形で自分が管理、コントロールできるということを、少しわかっていただけたでしょうか？

第1章からは、「エネルギーを高めて、集中して、発揮していく方法」を順番にお話していきます。

序章のまとめ

ビジネスのプロが、最大限の成果を持続的に出すための第一歩は、「時間管理」という考え方を「エネルギー管理」という考え方に変えること。まずは４つの質問で、自分のエネルギーレベル（調子）を常に意識して把握しましょう。

- □ あなたは、今肉体的に疲れていますか？
- □ あなたは、今感情的に否定的ですか？
- □ あなたは、今集中できていますか？
- □ あなたは、今自分の関心事に関連のあることをしていますか？

第1章

強い身体は食と運動の習慣から生まれる

頭脳労働者であるビジネスパーソンが
継続的に成果を上げるには
《身体のエネルギー》のコントロールと
基本的体調の管理が重要である。

《身体のエネルギー》を上げる

身体づくりはまずは食生活から

では、具体的にエネルギーを高める方法を順番に考えていきましょう。27頁の図で見たように、パフォーマンスのもっとも基本になる《身体のエネルギー》が、エネルギーピラミッドの基礎部分です。

生物としての自分を管理して、よいエネルギー（この場合は食べ物、飲み物）を摂取し、運動をして、睡眠をとって、健康であることは、パフォーマンスのもっとも効果的な管理方法であることを、ビジネスのプロは、もっと意識してもいいのではないでしょうか。

今も昔も私の弱みのひとつに、とにかくお酒が好き、というのがあります。90歳で亡くなるまで現役で祇園でバーを経営し、毎日おいしくビールをいただいていた叔母の血が流れているからかもしれません。実は、独身時代はそれが極限まで行っていて、「穀物は液体でとればいい」とさえ思っていました。

もともと身体が丈夫なので、あまり不都合なことはなかったのですが、仕事でストレスがたまってくると、さすがに肌が荒れて唇がかさかさになったり、足の裏ががさがさになったりしていました。それでも人間、病気になってみないと自分が体調を悪くしていることになかなか気づかないものです。

私の場合、「やっぱり人間の基本は食べ物!」と気づいた大きなきっかけは、1人目の出産で実家に里帰りしたときのことです。

10年ぶりに実家に帰ってみると、弟は独立していて、両親は野菜中心の健康的な食生活を送っていたのです。それで肌の調子がよくなり、便通もよくなり、食べるものの効果を実感しました。

子育てをした方（あるいはペットを飼っている方）は、子どもの食べたものが、いかにうんちに反映するかをご存知だと思います。大人も同じ。

それ以来、当たり前のことですが、ちゃんとご飯を食べる、お味噌汁や緑黄色野菜を食べるといったことを続けて、肌も便通も、独身時代より格段に改善しました。唯一やめられないのがアルコールなのですが……。

ということで、健康オタクになる必要も、サプリを飲む必要もとくにはないのですが、一般に家庭科で習うような、**「赤、黄、緑の野菜を食べる」「腹八分目にする」「植物繊維をたくさんとる」「水をたくさん飲む」**ということは、やっぱりやったほうがいいと思います。この分野に興味があれば、極めてみるのもいいかもしれません。

朝食をとり脳が冴えるものを食べる

食べて摂取したエネルギーを、仕事のパフォーマンスを上げるために使うのであれば、腹八分目を一日中、できるだけ持続することです。

耳にしたことがあるかもしれませんが、頭脳労働というのは思っている以上にカロリー、エネルギーを消費します。

「朝一番はコーヒーだけで十分。私は朝ごはんを食べない」という方は多いかもしれませんが、ちゃんと朝、昼、夜を食べてみてください。一食抜くことのリスクは、実はその後の食事で食べすぎてしまうということにもつながりがちです。食べすぎると、胃に血液が多く行きすぎて、頭がボーっとする経験は誰にでもあるでしょう。食べすぎを防止するためにも、毎日3食とるのは大切なことなのです。

うちの子どもたちの学校の給食便りでも、「朝ごはんを食べる子どもの成績や集中力が、そうでない子よりも高い」というのを見ました。農林水産省のホームページにも「朝ごはんを抜くと、脳のエネルギーが不足して集中力や記憶力の低下などにつながります」という記載があります。

子どもの国語や算数の能力が朝ごはんに左右されるのであれば、ビジネスパーソンの頭脳労働ももちろん左右されている、と考えるべきです。

「コーポレートアスリート」のトレーニングでも、まずトレーニング後に取り組むべき課

題として、

・朝食をきちんととる

・一日中健康的な（GI＝食後血糖値の低い）ものを食べて水分を取る

といったことを選ぶ人も多くいます。

科学的な根拠として、脳の活動エネルギーは主にブドウ糖の働きであり、ブドウ糖のレベルを一定に保つことが、脳の集中力を高めることはわかっているので、われわれビジネスのプロも朝ごはんをしっかり食べるべきですよね。

以前、カリフォルニア大学でエイジングの研究をしているシンシア・ケニョン教授のお話を伺う機会がありました。彼女は、エイジングしにくい身体をつくるという観点から、栄養の取り方をアドバイスしています。

糖分を直接とって血糖値を上げると身体がさびやすくなるので、自分はできるだけ低GI値の食べ物をとるようにしていると話していました。

次頁の表を見てください。最近は低GI値で売り出している食品が出てきています。これを食べることで一日の血糖値の上がり下がりを一定にコントロールして、脳の働きを長

エネルギーをマネジメントする食生活図

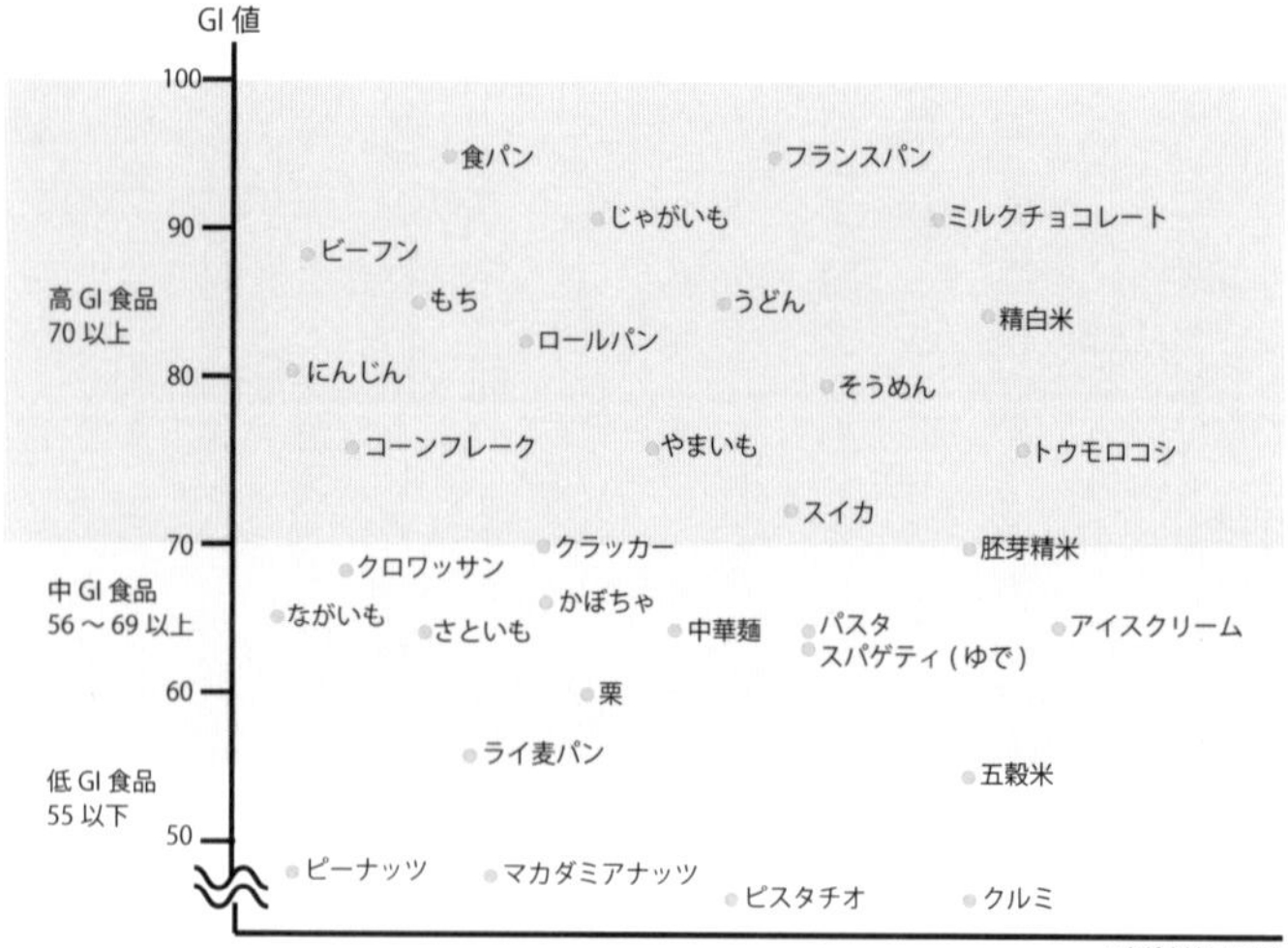

※各種資料より作成

時間最高の状態に保つことができます。ナッツなどがおすすめのようです。

運動は楽しいものを選べばいい

私は、スキーだけは続けていたものの、学生時代を通して、ほとんどちゃんと運動した経験はありませんでした。そんな私がなぜ運動するようになったのか。それは30歳直前に、なぜか「山に登りたい」と思ったことです。

その頃好きだった人が山に登っていたことが、実は一番大きな理由だったような気がするのですが、ちょうど仕事で煮詰まっていて、会社にしか居場所のない自分につくづく嫌気がさしていたことも大きかったと思います。

たまたま友人に誘われて、奈良の大台ケ原に行ったら、景色のあまりの美しさと自然の力に感動しました。今思うと、両親が若い頃、レジャーとしてよく山に登っていたので、小さい頃、志賀高原や白馬八方尾根などに連れて行ってもらっていたこともあるようです。

どこかいい山はないかなーと検索していたら、「関西囲炉裏の会」という山のサークルを知り、参加した初めてのオフ会で、たくさんの親切なおじ様方に、山の楽しみ方をいろいろ教えてもらい、その日のうちに、

「今年のうちに六甲全山縦走とアルプス縦走をやって、山スキーを始める！」

と決めていました。

それから、毎週のようにあちこちに連れて行っていただくようになり、練習を兼ねて近くの岩場をクライミングしたり、フリークライミングに行ったり、六甲山をあちこち歩いたりするようになりました。

当時のパターンとして、月～金は必死で仕事をして、金曜日の夜には誰かの車に乗せてもらって、爆睡しつつどこかに行く。そのまま朝起きて山を歩く。テントで宴会。帰りは

また車で爆睡。そういう週末でした。会の人たちからは、「とにかく、よく寝るやつやなー」と思われていたようです。

主人とはその会で出会ったのですが、最初に出かけた岩場でのオフの宴会で、酔いつぶれた私をテントに運び込んでくれたそうです（というか投げ入れてくれた。私には記憶がありません）。

その山の会で、たくさんの教え好きなおじ様方がちょっとクライミングが登れると、「すごいね！」と褒めてくれ、おだてられ、もともと瞬発系よりも持久系の競技に向いていたらしく、山でも結構平気で長時間いいペースで歩けて、「私って、もしかして運動できる？」と勘違いできるようになったのが幸せでした。

それを思うにつけ、子どものときに苦手意識を持ってしまうのは、本当にもったいなかったなと思います。

運動を継続していると体型がよくなる

さて、そんなわけでいろいろなアウトドア系の運動を週末だけ定期的にするようになった私ですが、それはあくまでレジャーの一環であって、競技ではありません。

ランニングにはまったのは、実は元ワコールの方の影響です（といっても、ランナーの福士さんとかではなくて）。当時ワコール人間科学研究所所長の篠崎さんと仕事を通じて知り合ったのですが、久々に食事をしようということになって、いろいろな話をしていたときに、体型の話になりました。

ワコールの人間科学研究所といえば、日本だけでも何万人、また中国でもいろいろな年代の体型サンプルを継続的に取っていて、体型の専門機関。

「やっぱり、37歳くらいから体型が確実に変わる」

「矯正下着というのがあるけれど、下着で身体のラインが変わることはない」

など、いろいろな情報をいただきました。そして、

「人生で一度だけ体型を矯正できるときがある。それは出産直後」

ということを教えてくださったのです！

たしかに、出産直後の脂肪は普段と違って流動しやすいという話は聞いたことがありました。聞いた直後に2人目を出産することになり、子どもの頃から幼児体型コンプレックスだった私は、固く決心したのです。

「よし！　今回で肉体改造してやろう！」


1人目の子どもが生まれた後も、主人がランニング好きだったので、10㎞くらいのレースに遊び半分で出たりしたことはありました。でも、2人目のときこそ定期的に運動しようと思ったのです。そしてもうひとつ、おなかの揉み出しをしてくれるエステのようなところに通うことにしました。

エステでは、毎回体重増を叱られたり、サイズの変化を褒められたりしたのですが、結局続かず。でもランニングのほうは、子どもが生まれて1カ月目くらいから、最初は30分、土日は主人が子どもを見てくれている時間だけ走っていたのが、すっかり習慣化して今に至っています。

定期的な運動で集中力が高まり疲れにくくなる

30代になってもずっと続けられて、今では趣味といえる運動にめぐり合えたことは、本当にラッキーでした。

私の場合、結果的にビジネスに役立った側面が大きいのですが、35歳をすぎて仕事の責任が大きく広がっていく中でも、生産性を上げて自分がビジネスのプロとして成長できたのは、きっとランニングのおかげです。

外資系の企業で働いていると、いや、そうでなくても海外出張が当たり前になってきていますね。時差ボケになる人が多いそうですが、私は飛行機に乗ったら、とにかくまず食べて飲んで、ぱっと寝てしまう。現地に着いたらその土地の時間で過ごす。そして、朝はどうしても早く目が覚めてしまうので、ささっとジムで一汗かきます。

ここで一汗かいておくと、身体が疲れてくれるので、その夜の寝つきがよくなって、夜10時には眠ってしまい、朝4時から5時に起きるといういつものリズムを取り戻しやすいのです。
また、出張中はどうしても夜はディナーが多く、気持ちよくワインなどをいただいたら、帰ってさっさと寝ます（だいたい、どちらにしても9時か10時になっている）。ここで冴えない頭でだらだら仕事をするよりも、朝早く起きて、ランニングのあとに仕事をするほうがずっとはかどります。

P&Gの管理職は、ほとんどが「コーポレートアスリート」のトレーニングを受けているので、朝のジムは大人気でした。かなりの人が、この朝の運動で時差を乗り越えていると思います。
次に入社したアストラゼネカでも、幹部の集まる会議場のホテルのジムは毎朝、ランニングマシーンの取り合いだったので、グローバル企業ではビジネスパーソンが運動をするのは当たり前になっているのでしょうね。

私自身が、昔は定期的に運動をしていたわけではないので、運動習慣のない人にいきなり「運動をしよう！」と言っても、とくに健康診断でひっかかったとか、体重をなんとか減らしたい、という具体的な動機がなかったら、なかなかとっつきにくいというのはよくわかります。

でも、**仕事の集中力を高め、疲れにくくなるためには、35歳をすぎていれば、必ず定期的な運動が必要です。**

運動をすることでストレスが解消されるのはもちろん、身体疲労を加えてあげることで、夜はぐっすり眠れるようになるし、出張での移動や時差による疲労にも、回復しやすい身体をつくることができます。

ランニングブームが始まった頃に「ビジネスマンのためのランニング」といった内容で、ランニングがビジネスに与えるよいインパクトがたくさん取り上げられました。私はそれを体感しています。

別にランニングでなくても、できれば「有酸素運動」（エアロビ、自転車、水泳、ウォーキングなど）と「無酸素運動」（筋トレ、ダンベルなど）を組み合わせて1カ月続けてみてください。仕事の集中力がぐんと上がるのを実感できると思います

また、「コーポレートアスリート」のトレーニングで初めて知ったのですが、**頭脳の働**

きに必要な血液を定期的にきっちり送るためにも、仕事中にちょっとした動きを取り入れるのは大変効果があるそうです。

これに関しては、最近ベストセラーになった『スマホ脳』の著者でスウェーデン人精神科医のアンデシュ・ハンセン氏が、自国での研究報告をしています。

教室で約100人の小学4年生に4週間毎日、簡単な体操を6分間させただけで、心理テストの結果、集中力が増したことがわかったのです。そして10代でも大人の実験でも、一貫した結果が出たことが紹介されています。

この本を読んだときに、いつも子どもたちから、

「お母さんは、集中力が下がっているとか、ストレスがあるというと、すぐ運動しろって言う！」

と文句を言われていたので、ちゃんとしたエビデンスがあったことに、してやったりと思ったし、身体的な感覚で裏付けられた気もしました。

「コーポレートアスリート」では、1時間ごとくらいにオフィス内を軽く歩くなどの

ちょっとした動き、休憩を取り入れることをすすめています。昔、昼休みにラジオ体操をしていたこともありますが、ラジオ体操はよくできていますね。頭も首肩もすっきりします。

この点でも、学校の時間割というのはよくできています。2時間も3時間もノンストップで集中できないのは、子どもだけではありません。立ち上がってまわりの人とちょっと話をするだけでかまいません。これは簡単に取り入れられるので、ぜひ明日からやってみてください。

運動の効果というのは、身体的なことに限らず、ビジネスパーソンとランニングの関係でもよく取り上げられています。**考え方がポジティブになる、発想力が上がる、実行力がつく**など、広い好影響があります。

ハンセン氏は言っています。

「少しの運動でも効果は検証されているが、集中力を高めるだけでなく、計画を立てるなど、脳の実行機能まで改善しようとすると、数週間から数カ月の定期的な運動が必要だ」

トライアスロンは努力の成果がよく見える

雑誌「GOETHE《ゲーテ》」（幻冬舎）で取り上げていたのは、会社幹部職が好きなスポーツはトライアスロン。白戸太朗さんの『仕事ができる人はなぜトライアスロンに挑むのか⁉』（マガジンハウス）という著書まであります。

私はスウェーデンから帰国した夏から、日本のあまりの暑さに走れなくなったのと、ランニングでの自己ベスト更新に限界を感じたので、苦手な水泳をやってみよう、どうせやるならトライアスロンにも挑戦してみようと、4年前からトライアスロンも始めました。

トライアスロン専門のスクールに通いだしたのですが、競技のおもしろさにはまって（練習が多彩で、レースでは海を泳いだり、海岸コースを自転車で走ったり、自然を楽しめる）、こちらも継続しています。

白戸太朗さんが「Lifenet Journal」というネットマガジンのインタビューで、次のようにお話されています。

「トライアスロンって、過酷なイメージばかりがクローズアップされますけど、実は才能よりも努力でなんとかできる部分が大きいスポーツなんです。サッカーや野球といったセンスが問われる競技と違って、やればやっただけできるようになるし、やらないとできないというシンプルさがあるんです。

つまり、才能の有無よりも、努力した分だけ成果が目に見えるかたちで表れやすいスポーツだといえます。僕はこれが、経営者や一流のビジネスパーソンがトライアスロンに挑戦する大きな理由じゃないかと思っています」

そのとおりだと実感する毎日です。

ウォーキングとヨガは効果が大きい

ただ、トライアスロンをやろうと思っても、初めてスポーツをする人にはハードルが高いので、初心者へのおすすめはウォーキングとヨガです。
まず**「ウォーキング」**。スポーツ庁の統計（2019年、18〜79歳の2万人対象）によると、週1回以上運動している人は53・5％（男性55・7％、女性51・4％）。この割合は思っていたよりも高いなと思っていたら、一番やっている運動はウォーキング（この1年に実施した種目、複数回答：男性62・7％女性62・1％）で、いわゆる「運動」No1は、男性だとランニングの19・8％（女性7・9％）、女性だと体操の16・4％(男性11・9％）と、大きく差が開いています。

「運動、スポーツをやろう！」と思うとハードルが高そうですが、「1週間に1度、ちょっと意識的に長い距離を少し早足で歩いてみよう」なら、できそうではありませんか。それでいいのです。子どもがいれば一緒に散歩でもいいし、夫婦でも、犬と一緒でもいいのです。誰にでもできる有酸素運動です。

次が**「ヨガ」**。今や習い事系のコンテンツが非常に多いYouTubeですが、コロナのステイホームで大人気だったのがヨガ。私も130万人以上のチャンネル登録者がいるという大人気の「B-life」のMariko先生のヨガをよくやっています。

おうちでマットさえあればできるし、ストレッチ効果ですっきりするし、こちらも手軽に始められるのでおすすめです。ストレッチや簡単な筋トレ、無酸素運動になります。

早寝早起きは生活のリズムをつくる

そして運動ではありませんが、**「睡眠」**。私は幸か不幸か、どこでも一瞬にして眠れる、必ず眠くなって眠らずにいられない（学生時代から徹夜をしたことがない）体質なので、睡眠はきっちりとっていました。

それが子どもが生まれて、子どもと同じ時間に寝る（というか、寝かしつけているはずが自分が寝てしまい、起きられない）ようになって、自動的に9時半就寝、4時起床というリズムができ、これも体調に貢献したのをつくづく実感して、生活習慣が大きく変わりました。

独身時代は金曜日は遅くまで起きていて、土日に寝だめすることがあったのですが、小さい子は、土日もいつもと同じ時間（あるいは、うれしくていつもより早い時間）に起きるので、一緒に起きざるを得ません。

また、土日のほうが平日より忙しいくらいなので、昼寝をする暇もないということで、毎日のリズムが崩れないのも大きく貢献していると思います。

個人差はありますが、こと睡眠に関しては、寝だめしたり、睡眠時間を削るといったことが、時間管理にはつながっても、エネルギーを落としていることのほうが多いようです。**長く寝たからといって、眠気は取れてもエネルギーは上がっていない**というのがその根拠です。

朝型の習慣をすすめる人が最近増えているようですが、私も心から賛同します。人には朝型と夜型がいますが、最高血圧が１００を超えない低血圧の私でも、朝型に簡単に移行できたことを思うと、やはり朝型生活をおすすめします。

とくに小さいお子さんがいて、家族との時間をきっちり取りたいビジネスパーソンには、人生の意義が増えることうけあいです。子どもに本を読んであげて、一緒に寝てしまう生活、始めませんか？　人生の生産性が少なくとも3割増しはすると思います。

習慣をつくることが成功への鍵

慣れてしまえば苦が楽になり好きになる

「運動の重要性はわかった。でも、今まったくしていないので、3日坊主にならないという自信がない……」

大丈夫です。この点に関しては、第6章「習慣の力」で詳しくカバーします。

これも、「コーポレートアスリート」のトレーニングで教えていて、私自身も意識して実行していることなのですが、**「何かを変えたい」「何か目標を達成したい」と思ったら、まずはそれに向かって毎週できる**習慣をつくることが成功への鍵です。

私は30歳くらいまでは、映画にもなった『ブリジット・ジョーンズの日記』（結婚できなくてぽっちゃり）のごとく、

「今年こそ、体重を○kg減らそう！　酒量を減らそう！（そして30歳のときには、今年こそ結婚しよう）」

と思っては、まったく達成できずにいたのですが、35歳でランニングを本格的に始めたときに、

「せっかく走るんだったら、今年中にフルマラソンを完走しよう」

と思って、まずは土日に30分ずつ走る習慣をつくれたことが、目標を達成するクセづくりになりました。

ちょうどよかったのが、朝走ると決めていたので、何かに邪魔されることもなく、毎回自分の意思だけで走れたこと。また、最初は正直しんどいなーとか、暑いなー、寒いなーと毎回思っていたのですが、慣れてしまえば、朝歯を磨くのと一緒で逆に走らないことが気持ち悪くなったこと。

そして、なにより母乳をあげていたのもありますが、体型（というか体重）管理に圧倒

的な効果が出て、一気に妊娠前の体重に戻せた成功体験が大きな後押しとなりました。

また、子育て中に働き出して、ばたばたしながら走っていたので、週に30分ずつだけでも自分ひとりの時間が持てたこと。走っていると、いろいろ煮詰まっていたことや、ストレスになっていたことが、「あ、こうすればいいいな！」とひらめいたり、「どうってことないな」とストレス解消になったり、夜は夜で罪悪感なくおいしいビールが飲めたりと、いいことづくめ。

結局、走ることが自分に合っていた、好きになったということに尽きるのかもしれませんが。

プロセスを習慣化すると目標はかなえられる

目標をかなえるためのポイントは、次の3つです。

- **目標にたどり着ける習慣を身につけることから始める。**
- **その習慣が無意識に繰り返せるほど日常生活に組み込めるものである。**

続けることで、なんらかのご褒美がある。

本当に達成したい目標にたどり着くための習慣は、身につけられるものです。

ちなみに、私はスタートした年の11月には無事に初のフルマラソンを完走。しかも、1回目にしてサブフォー(4時間以内で完走すること)を達成してしまい、いろいろな方におだてていただいて今に至っています。

そして、

いい栄養を摂取し、睡眠に気をつけ、定期的な運動をする。

できるだけ自分の成果が大きくなる時間帯に集中して仕事ができるような1日のリズムをつくる。

ということができるようになってきたら、毎日、朝起きてから仕事を終えるまでの**「基礎エネルギー」のレベルが上がる**のを実感していただけると思います。

習慣は年齢とともに強化していく

加齢で《身体的エネルギー》は下がるが…

《身体的エネルギー》の特徴には、年齢とともに下がるという悲しい点があります。これが最高潮のときに現役を極められるスポーツのプロと違って、ビジネスのプロにとっては、致命的なことです。

なぜなら次頁のグラフのように、**体力が下がってくる時期と、仕事上の責任が増える時期が完全に一致している**からです。

これは、《感情・思考・精神のエネルギー》にはない特徴です。老人力ではないですが、感情をコントロールする方法、思考力を高める方法、精神力を上げる方法というのは、い

年齢とともに体力は落ちるが、求められる成果は上がる

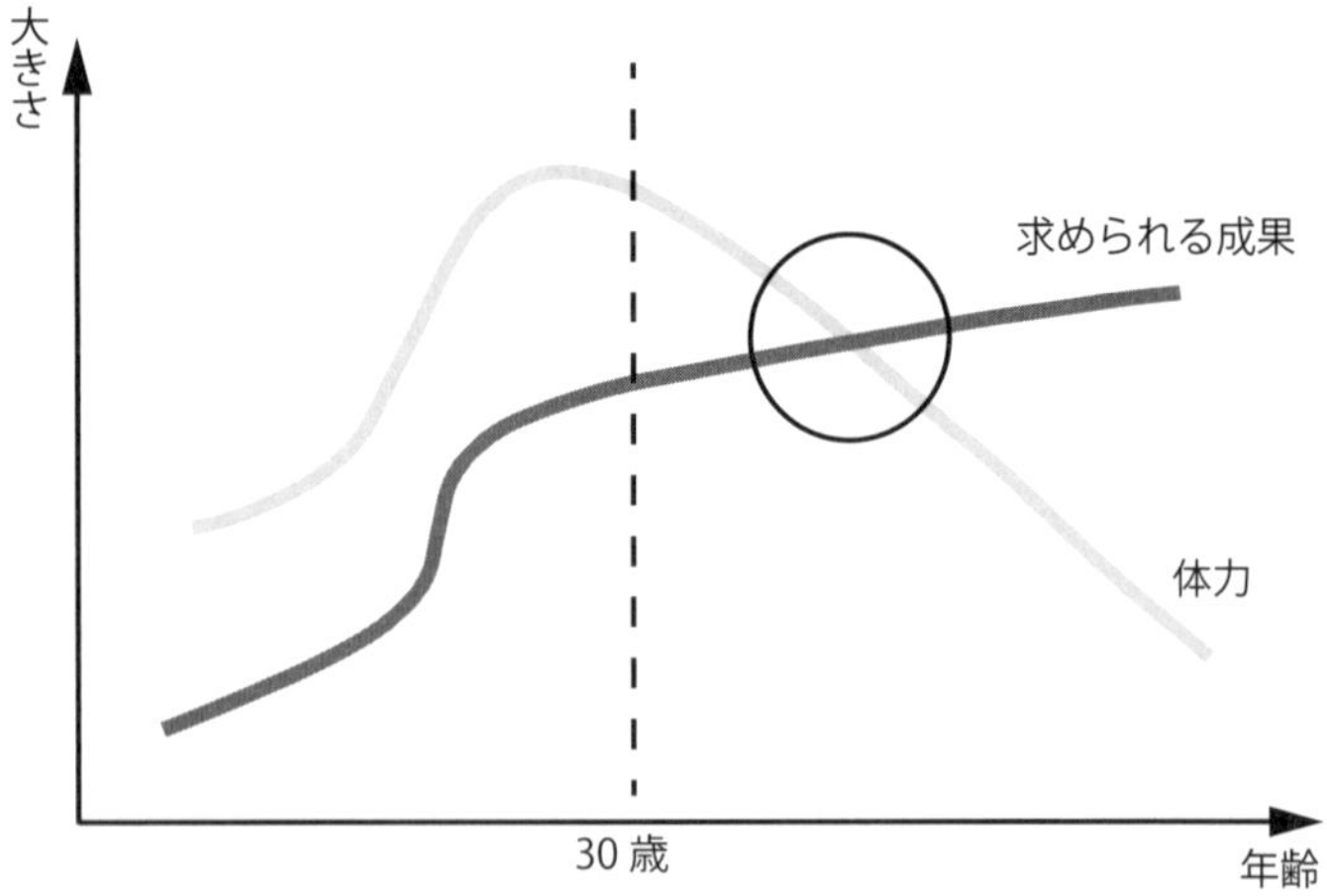

い年齢の重ね方をしている人生の先輩に学ぶべき点が多いもの。そこで身体の衰えは、これら3つのエネルギーがよくなることで補っている人が多いのです。

でも、最大限の成果を目指す私たちとしては、衰えをそのままにするよりも少しでも落ちていくスピードをゆるくしたいですよね。

身体の衰えには負荷で対抗する

では、どうしたらいいのか。ありがたいことに、体力や筋力を鍛えて持続する分野では多くの研究がされていて、そこで言われていることは、科学的にも証明されているものが多いのです。

負荷は少しずつ上げると、ついていけるようになる

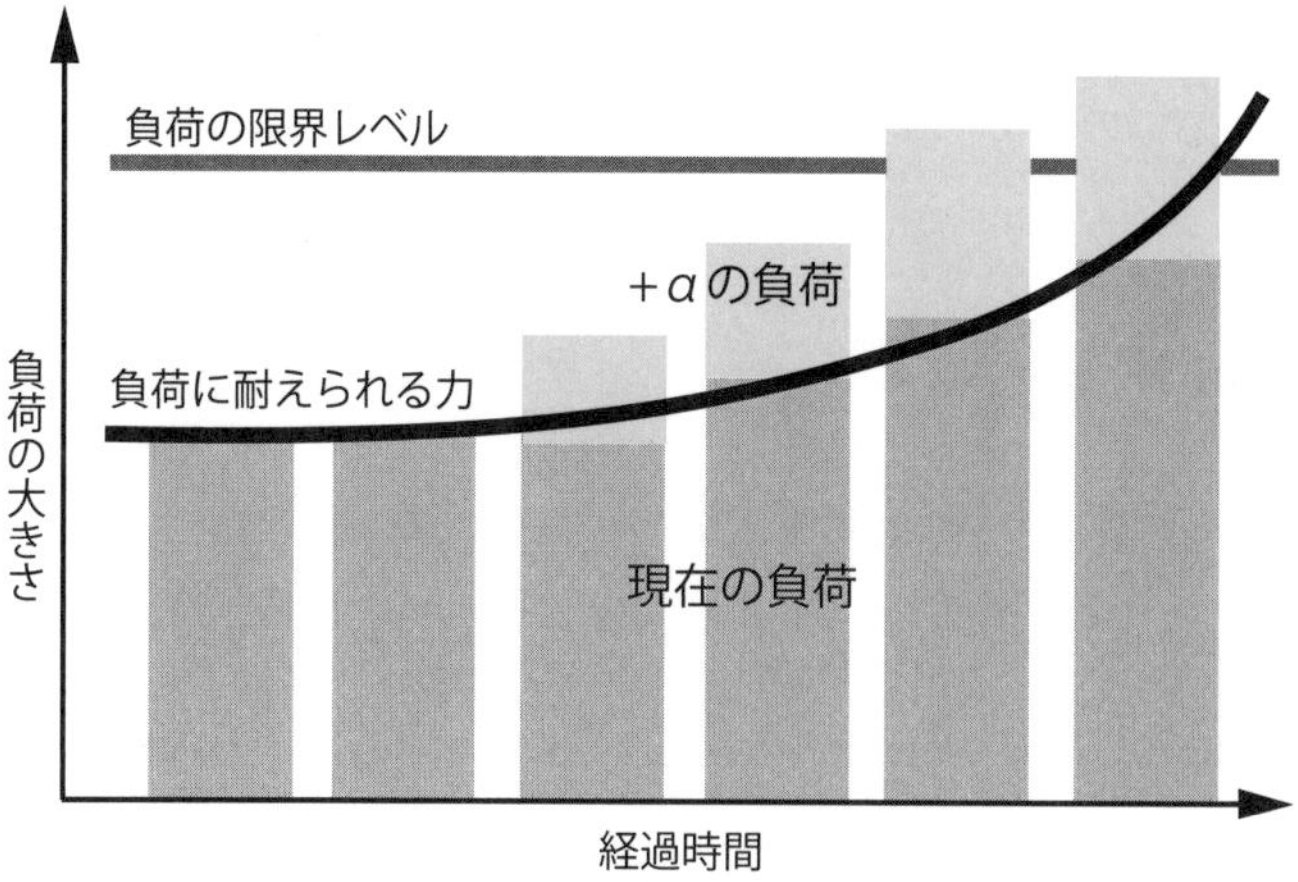

一番わかりやすいのが、負荷を少しずつ増やし、体力と筋力を上げていくというもの。筋トレの世界で言われる「漸進性過負荷の原則」（上図）です。

「コーポレートアスリート」には、この方法がすべてのエネルギーを上げるのに有効であるとしています。

この法則は、同じことをしていては成長しないものを、少しずつ負荷を上げることで成長させるというもの。これは、ビジネスの世界では実際に行われていることです。

P&Gでは、OJTを主体にビジネスのプロを育てていくのが大原則でしたので、まさに与えられる仕事にせよ、ポジションにせよ、常にこの少しずつ負荷を上げることで成

長させるということが、実務の割り振りで最重要視されていました。

筋肉のトレーニングであれば、今まではストレッチだけしていたのを、ちょっと筋トレを足してみるとか、ウォーキングの距離を伸ばしていく、マシンのおもりを少しずつ重くするということです。

仕事のトレーニングであれば、伸びしろのある人材のポジションを決めていくときに、「カテゴリー×ロケーション×仕事の種類」といった変数があれば、変数を一度に2つ以上変えないとか、1つは大きく変えてほかは同じにすることで無理のない〝ストレッチ〟をさせる、ということです。

化粧品カテゴリーを担当している人なら、同じ化粧品で違う地域を担当するとか、逆に同じ地域で違うカテゴリーを担当するといったことです。

市民ランナーであれば、同じトレーニング負荷では記録が伸びなくなるとか、加齢による記録のダウンのほうが大きいというのを実感されているかと思います。そこに負荷を少しかけることで、パフォーマンスを上げつづけられるわけです。

これは「どうやったら新しい習慣がつくれるのか」という第6章にも関連します。

第1章のまとめ

《身体のエネルギー》は、エネルギーピラミッドの基礎。これを管理しながら増やすことで、ビジネスのプロも成果を上げられる。そこで《身体のエネルギー》を増やすためには、次の4つが大切になる。

- 正しい食事 ―― 赤緑黄色野菜、腹八分、1日3食。仕事に合間に血糖値を下がりにくくする低GIスナックをとる
- 運動習慣 ―― 仕事中は意識的に1時間ごとに5分動き、有酸素（ウォーキング）、無酸素（ストレッチ・筋トレ）の運動をする。
- 睡眠（早寝早起き）
- 《身体のエネルギー》は年齢とともに落ちるので、意図的に上げる習慣をつくる。

第2章

感情をコントロールすれば誰にでも対応できる

感情は訓練で
コントロールできるようになり
継続的な成果を上げるのにも
役に立つ。

《感情のエネルギー》を上げる

感情はコントロールできるようになる

さて、自分のエネルギーにプラスやマイナスの影響を与えるのはどんなことでしょうか？　やはり、**感情**があげられるでしょう。

「落ち込んでいるとどうしても乗らない」

「どうも仕事の成果が落ちる気がする」

ということは、誰にでもあると思います。

私は、感情の起伏が一定で、物事にあまり動じません。何か起きたときでも、**頭が勝手**

にプラス思考に働くようになっています。それは、もともとの性格がそうだからとか、幼い頃から両親が自分をよく褒めて育ててくれたことが支えになっているからとか、もともと楽観的な人間だからとか思っていました。

ところが最近娘を見ていると、心配性なところや、行動を起こす前にくよくよ（というかうじうじ）考えているところが昔の自分に似ているのです。自分がとくにビジネスで感情的にならないのは、もともとではなくて、若い頃のトレーニングという か経験の賜物ではないか、と思うようになりました。

この「勝手にプラス思考に働く」ということを、性格がもともと楽観的だからとしてしまわないで、**プラス思考に持ち込むトレーニングを積むこと**が、《感情のエネルギー》のコントロールです。

「コーポレートアスリート」のトレーニングを始めた頃、この《感情のエネルギー》の部分を説明するのに苦労しました。トレーナーになった頃の私は、すでにプラス思考の人間だったので、本来の性格は大きいけれども、それは後天的に鍛えられるものだと思っていたのです。

そんなときに、会社で「自分でやる気をコントロールする」というワークショップのトレーナーを任されて、内容をみんなでブレーンストーミングしていたときのこと。**自分でやる気を出すのがとても上手**な方々に来ていただいて、どのようにやる気を出しているのかを話していただきました。

ふと、そのときにいつもの自分の疑問を思い出して、聞いてみたのです。

「みなさん、もともと自分が楽天的、ポジティブ思考だったのですか？」

ところが意外や意外、答えはばらばらでした。長い間ネガティブ思考だったという方もいました。

ある方が、

「この会社で働いていると、**いろいろな人と仕事をしますから、柔軟性が自然に身につきますよね。それが、ポジティブ思考（どんなことがあっても、なんとかなると思える）につながっているん**じゃないでしょうか」

と、ヒントをくださいました。

そう言われてみると、たしかに娘との共通点を感じたように、若い頃の私は、くよくよ考えすぎるタイプではなかったにせよ、今よりもずっと悩んでいることが多く、「とんでもないできごと」に、いつもはらはら、どきどき。身の縮むような思いを繰り返していました。

若い頃から責任を任されて仕事をする環境にいて、さらに多様な価値観に振り回され、なおかつ「仕事は仕事（仕事上のことを個人的にくよくよ思い悩むな）」と繰り返し言われながら、感情をコントロールする訓練をしていたのだと思います。

そうはいっても、仕事で大変な経験を繰り返せば、感情がコントロールできるようになる、ということではなく、**仕事に感情を持ち込まない**コツを、若いときから上司や先輩が教えてくれていたのが、トレーニングになっていたのです。

感情的に即反応しないようにする

ではどうするのか。「感情」の一番の特徴は、それが反射的に気分につながってしまうことです。誰でも悲しいことやムッとすることがあると、やる気がなくなったり怒りで頭に血がのぼったりして、生産的な解決方法が思いつかなくなります。ということは、**まず感情的に反応することをやめればいい**のです。

そうはいっても、腹も立つし、イライラすることもある。私は、まず大きく深呼吸するようにしています。そして、幽体離脱するイメージで、自分を部屋の天井あたりから眺めている感覚を持ちます。

「あ、私腹立ってるよな」

と思うと、一瞬冷静になれますね。ここがポイントです。例えば、誰かに期限付きでお願いしていた仕事をすっぽかされたら、怒りの直後に困惑が渦巻いてパニックになります。

「どうしよう……」

そんなときは、まず深呼吸。幽体離脱。

「あ、私、パニックになりかけてる」

こう思えれば、しめたものです。少なくとも感情的に反応したり、気分に流される前にいったん冷静になれます。

起きてしまったことに振り回されるのではなく、自分がコントロールできる範囲の中で

最善を尽くそうと考えるわけです。ビジネスの世界では、結構コントロールできることは多いものです。さあ、

「対処方法を決めて、状況をコントロールするのは私だ！」

と心の中で強く言ってみましょう。

失敗の責任を問わず問題解決を考える

次は、想定できる最悪の事態を描きます。たいていの場合、最悪の事態を思い描ければ、それを避ける方法も思い描けるものです。

P&Gでは、英語でのビジネスコミュニケーションのトレーニングを多く行っていますが、そのなかに、〝SOPHOP〟という言い回しがあります。〝Soft on people, hard on problems〟の略で、**「人を責めるより、問題を解決することに全力を尽くそう」**という考え方です。

そのためには次の3つのステップがあります。

①深呼吸をして、自分の置かれている状況を冷静に見て、感情が動こうとしている方向を意識する。そうすれば、感情を少しはコントロールできるもの。そこで「対処方法を決めて状況をコントロールするのは私だ」と思う。

②まず最悪の状況を思い浮かべて、それを回避することに集中する。

③できれば、その最悪の状況から何かポジティブな副産物ができないかを考える（私は、プロセス改善のきっかけを見つけたり、相手に貸しをつくったりします）。

普段の練習は簡単なことからできますので、ちょっとやってみましょう。

次は、実際のトレーニングでもやっていた例題です。

「買い物の途中で、急いで帰宅しなければならなくなりました。でもそこにレジに割り込む人がいます。さぁ、あなたはどうしますか？　感情のコントロールのステップを使って練習してみましょう」

そんな課題が練習になるの？　と思われるかもしれません。ポイントは、先ほどの3つのステップがすぐにできるようになることです。この例題で言えば、

①「なに割り込んでんの！」と言いたい気持ちをひとまず抑える。
②最悪な状況は、家に帰る時間が5分以上遅れて、子どもたちの夕食の準備に取りかかれないこと。であれば、もめてさらに時間がかかることが最悪と考える。
③「困った人がいますねー」とレジの人と会話することで、レジの人からは好感を持たれるかも。あるいは、レジの人が今度同じことがあれば声掛けしてくれるかも。
といったようなことです。

3つのステップが覚えられましたか？

このトレーニングを実際に使いはじめると、イライラがだいぶ減ります。

私がよくやっていたのは、反抗期だった娘から、私がむっとするようなことをわざと言われたときです。

①なんて腹が立つ！　でも、この子、わざと怒らせようとして言ってるよな。
②なんで怒らせようとしているんだろう？　伝えたいことがあるのかな？　学校でイヤなことがあったのかな？
③言い返すのではなく、会話の中でそれとなく娘のストレスの原因を探ってみよう。

人とのコミュニケーションを深める

感情の起伏を一定に保つようにする

それにしても、娘との終わりのない、論理的議論の入る余地のないやりとりに比べたら、仕事での感情のコントロールなんて楽なもんだ、とよく思いました。娘は○○を達成するといった、部下と共有しているような目的も持ってくれてないし、当然だよなと思うと、私にとっての最高のトレーニングの一つは子育てだったのかもしれません。

では、同じように、エネルギーの考え方を使って《感情のエネルギー》のキャパを増やす方法を考えてみましょう。

《身体のエネルギー》を増やすときにお話したポイントが、「負荷を少しずつ上げながら、ストレス耐性をつける」ということでしたね。運動をする人なら誰しも、最初はとてもしんどかったランニングや水泳が、慣れとともにだんだん楽になってきた経験があるでしょう。

これは《感情のエネルギー》のキャパを増やすときにも、そのまま使えます。

大人は子どもに比べて、感情の起伏が一定していると思いませんか？　子どもを持って今さらながら気付いたのは、子どもの感情表現がストレートであることです。

子どもって本当に「えーん、えーん」と声を出して泣くし、大声でよく笑いますよね。「なんでこんなことがおかしいんだろう？」と思うことも多い。それが大人になると、すでにいろいろな経験をしてしまっているので、初めて何かを見たり体験したりしたときの感動が薄れてしまっているのです。

鋭い感受性を保つのは素晴らしいことですし、仕事でも常に左脳ではなく右脳で判断したり、関係性を築いたりするのは大切なことですが、**感情をコントロールしたいときにで**

きるようにすれば、ビジネスの成果に大きく貢献します。

いわゆる「懐が深い」「何かがあったときに動じない」というビジネスのプロになれます。少しくらいのことでは怒ったりパニクったりしない、いい意味での麻痺状態をつくればいいのです。実際ホラーでもドッキリでも、2回目のほうが1回目よりドキドキ感は薄れますよね。

昔、水木しげるさんをモデルにした映画「ゲゲゲの女房」に、宮藤官九郎さん扮する水木しげるさんのセリフで、

「貧乏は怖くないです。命は取られませんから」

というのがありました。戦後の日本人ビジネスパーソンが強かったのは、命をかけた経験をしてきたからでしょう。

実際「仕事で感情をどうコントロールするか」というテーマでディスカッションをしていたときに、「死ぬわけじゃなしと心の中で思う」と答えた人がいました。

自分で意図的に負荷をどうやって上げていくのか。仕事でいろいろな経験をする中で、

先の3つのステップが意識しなくても踏めるようになればしめたもの。これも一つの習慣です。

ストレス耐性を強めて
コンフォートゾーンを広げる

ストレス耐性を、負荷を上げながらつくればいいわけですから、心の安心安全な場であるコンフォートゾーンの外に出るようなプロジェクトや役割に自ら挑んでいくことが成長につながります。

P&Gでも、将来の管理職候補を対象に、少しずつ責任の重い仕事につけることで、ストレス耐性をつくっていきます。

大切なのは、負荷がちょうどよい状態で上がっていること。急激に上げるとつぶれてしまい、ゆるすぎるとストレス耐性にならないからです。これは、上司の采配です。私も部下を次の仕事につけるときには、必ずチームの様子をよく見て、負荷具合を確認しながらやっていました。

必ずしも異動や昇進で仕事が変わらなくても、今やっている自分の仕事では成長の伸びしろが小さくなってきたなと思ったら、上司にもう少し難易度の高いプロジェクトを任せてもらうように相談するのもありです。

日本人はついつい仕事は上が決めるものと思いがちですが、外国人の部下を持つと、「今のこの仕事の内容では自分が成長できない。もっと難しくて、経営陣に直接話す機会があるような仕事内容に変えてほしい」とストレートに要求されることもあります。同じグループの中で、手を挙げて何かにチャレンジしてみるのもいいかもしれません。

仕事以外でも、トレーニングはできます。自分でストレス耐性をつくるのであれば、例えば、旅行で海外に出てみることもあると思います。

今でもよく覚えているのですが、私の最初の海外旅行は、大学1年生のときに1人でバックパックで行ったオーストラリアでした。何をするのも1人、初めての海外。思いがけないアクシデントに見舞われ、われながらいかに甘えた生活をしてきたかに初めて気づかされました。

その後、ヨーロッパに1人旅をして、1日1本の列車に乗り遅れ、片言のスペイン語で泊まるところを必死に探したり、4年生のときには、ネパール、インドといった生活インフラが整っていない国で、さまざまなハプニングに出合い、「死んでないならノープロブレム」という体験をしたことがよかったと思います。

今思うと、当時の私はハラハラドキドキの連続で、自分としては「こんなパニック、ありえない！」という経験をたくさんしていました。今の私のほうがはるかに想像もできない、ありえない経験をしているのに。

そう思うと、私も別に最初から冷静で動じない人間でもなかったのです。逆に、ありえないことの連続で麻痺してしまい、楽しまないと損！　というふうに体質改善してしまった気さえします。ちょっとマゾ気味なのもそのせいですね。

多様性を取り入れると対応力が育つ

グローバル企業で働いていると、「日本人の常識はインド人の非常識」という経験が日々起こりますので、幸か不幸かストレス耐性を上げられ、目が点になるような体験を日々味わえます。その点からも、**多様性のある組織で働く経験は、「感情のエネルギーのキャパシティ」を上げることにつながります。**

同僚数名と韓国に出張に行ったときのこと。空港からの道がたいへん混んでいて、日本人が、

「会議に間に合わない、どうしよう」

といらいらしだしたときに、インド人の同僚が悠々泰然としていて、

「なんで、日本人はそんなにイライラするんだ？」

と聞いてきたことがあります。

そのときにわかったのが、日本人は、「何事も計画どおりに行くのが当たり前」だと思っているのに対して、インド人は「問題が起きて当たり前」と思っていること。育った環境によって、こんなにも期待値の持ち方は違うものなんです。

コロナの影響はまだしばらく続きそうなので、海外旅行も簡単には行けないかもしれま

せん。であれば、例えば私の友人もやっているように、オンライン英会話レッスンでいろいろな国の人と喋ってみるというのはどうでしょうか？

オンラインの場が広がったことで、今ではさまざまな国の人々と直接会話をすることができます。また、会話のテーマも、1対1ならば、こちらからいろいろとお願いすることができます。


私の友人は、あえて今まで会ったことのない国の人を選んで会話を楽しんでいます。マケドニア（旧ユーゴスラビア）の70代の男性と、ユーゴスラビア独立後の国の様子を話したり、フィリピンの女性とは、今でも病気になったら病院に行く前に占いに行くよ、という話を聞いたり。思いがけない発見がたくさんあると教えてくれました。

私はオンライン会話ではないのですが、スウェーデン時代の同僚がクロアチア人で、子どものときに戦争があったという生々しい経験と、それが彼女の普段の仕事の姿勢にどう影響しているかを聞いて、自分よりも年下なのに、しっかりしているなと思ったことがあります。

やはり、まったく違うバックグラウンドの人と話す機会を持てるのは、考え方や受け止め方の幅を広げるよい機会になると思います。

さあ、**仕事で問題が起きたとき、感情的な反応をする前に、その気持ちをコントロールし、原因を冷静に見つめる。するとネガティブな気分にならず、問題解決に集中できるようになり、前向きに対処できる、**というイメージが、少しはつかめたでしょうか。

ポイントは、感情コントロールの3ステップと、自らストレス耐性を上げる意識をして、自分のコンフォートゾーンを少しずつ広げていくこと。

そうやって、自分の期待値の持ち方ひとつで、感情がコントロールできるようになってくると、問題に冷静に対処できるようになり、問題解決能力が上がっていきます。

第２章のまとめ

①《感情のエネルギー》は、感情をコントロールすることでポジティブな気持ちで物事に対処できるようになること。そのステップは次のとおりで、これを普段から練習する。

- 深呼吸をして「対処方法を決めて状況をコントロールするのは私だ」と言う。
- 最悪の状況とは何かを考え、それを回避することに集中する。
- できれば、この最悪の状況から何かポジティブな副産物ができないかを考える。

②《感情のエネルギー》を鍛えるために、仕事でチャレンジすることを探してみる。仕事以外でも、自分が経験していないことや知らない考え方に、あえて触れる機会をつくる。

第3章

ルーティンをつくれば集中力が高まる

集中力を上げるべきときを見極め
上げられるように訓練すれば
成果は必ず上がる。

《思考のエネルギー》を上げる

ルーティンをつくると集中力が高まる

身体が元気で感情がポジティブだったら、次にエネルギーコントロールでできるもの。それは集中力です。

「コーポレートアスリート」という概念は、もともとスポーツから発生しているからか、集中力を大変重視しています。

実際、多くのスポーツで、勝負を決める大きな要素は集中力といっていいでしょう。世界のトップアスリートの多くが、技術面だけではなく精神力、集中力に関するコーチをつけているのは普通のことになっています。

世界大会のような大舞台で結果を出そうとしたら、技術面はもちろんのこと、集中力に基づく勝負強さが重要。そして、**集中力はトレーニングで身につく**ものなのです。

集中力を上げる方法として、一流スポーツ選手の多くは、大事なことをする直前にルーティンをしています。

例えば、野球のイチローは、バッターボックスで儀式のように同じ動作をする。ラグビーの五郎丸は、プレイスキックの前に忍者のように指をからませる、テニスのナダルは、サーブ前に髪・鼻・耳をなでる……などです。

集中力というのは意識の世界のことなので、自分でコントロールできて、自分にしかコントロールできないものです。

集中力を高めるためのトレーニングの前にやらないといけないのは、**いつ集中するかを決める**ことです。

スポーツ選手であれば、試合があって勝ち負けがあるので、これは簡単なのですが、ビジネスのプロの場合は、集中すべき勝負どころはここ、というのを自分で見極めて決めることが重要です。

リハーサルをすると本番で実を結ぶ

昔読んだ「日経ビジネス」の記事に、元日本GE社長兼CEOの藤森義明氏が、ジャック・ウェルチ氏から本社でプレゼンするように言われたとき、毎日3時間、外国人を呼んで練習したというエピソードがありました。

ちょうど日本の商社からGEに転じたばかりの頃で、そのときに外国人の同僚の方から、「プレゼンが勝負」というアドバイスを受けたのだそうです。「あのジャック・ウェルチに言われて本社でプレゼンするのに、失敗したらそこで人生は終わる」という気持ちで臨んだそうです。

このエピソードを読んだときに、ああ、私と同じだと思いました。私も30代前半のとき、次にキャリアアップできるかどうかの瀬戸際で、まったく新しいカテゴリーに、しかも1人目の子どもを出産して3カ月で着任したとき、まったく同じ経験をしました。

私を産休明けにそのポジションに引っ張ってくれた上司は、以前から私のことを知っていて、能力面でも信頼をおいてくれていたのですが、そのまた上司に当たるジェネラルマネージャーは、私のことを全然知りませんでした。

100人以上も集まるビジネスアップデート・ミーティング。準備の段階で上司が、

「今回はあなたのデビューだから、しっかりやりなさい」

と言ってくれました。

まだ部下も含め、まわりの人にカテゴリーやブランドの理解が及ばないことはわかっていましたから、入念にリハーサルをして、本番に挑みました。結果、われながらなかなかよい出来でした。

その結果に、ジェネラルマネージャーが私に高評価をしてくれたことを知って、ここぞというがんばりどころを教えてくれた上司に感謝しました。

このようなアドバイスは、経験を積んだ先輩やメンター、上司だからこそ教えてくれるのです。私も今では、後輩や部下に意識的にアドバイスを送ります。アストラゼネカの時代にも、日本人チームでここぞというプレゼンをする前は、みんなで作戦会議をやって備

えました。

日本人の感覚だと、

「常にがんばっていれば、お天道様が見てくれている（誰かが評価してくれている）」などと思いがちですが、常にしっかり働くことに加えて、ビジネスマンでもフリーランスでも、自分のキャリアを左右する重要な出会いやプレゼンがあるものです。

最初の頃は、それがいったいいつなのか、自分ではわからないものですが、意識してそういう場を探し、そこに向かって集中力を上げる訓練を積んでおくことは、重要だし、可能なことです。

リハーサルこそルーティンにする

スポーツでの訓練方法としてもっとも有名なのは、「イメージトレーニング」です。勝負の前に、自分がその場面にいて成功しているイメージをなぞる。これを何度も繰り返していると、本番での成功率が上がってきます。

同じことが仕事でも言えます。ここぞという会議、発表などの前に**自分で一度リハーサルをしておく**のです。

私もプレゼンの前には、必ず自分でリハーサルをします。原稿を手に持っていても、ほとんど見る暇などなく、リハーサルの再現になることが多いので、リハーサルでのイメージが明確でよくできていればいるほど、本番もうまくいきます。

リハーサルのポイントは、本番で身体が自動的に「あ、これ、やった」とデジャブのように反応して、物事（発表、司会など）をなめらかに行うことなので、ポイントは、できるだけリアルに練習しておくこと。発表の場を思い浮かべて、実際に身体を動かし、口に出して行います。

一つ注意しないといけないのが、リハーサルをしておいたのに、とくに会議などで、まったく予測していなかった流れになり、パニックになってしまうこと。

そういうときは、とにかく一度深呼吸をして、自分が描いていた流れどおりでなくても、**リハーサルのときに描いていたポジティブで積極的な感情に戻ることができれば、う**

まくいくことが多いものです。

そのためにも、スポーツ選手のルーティンのように、プレゼンを始めるときには必ず一度目をつぶるとか、部屋には左足から入るとか、自分がコントロールできる習慣（何かを始めるときの決まりごととしての〝儀式〟）をつくることをおすすめします。

この《思考のエネルギー》でも、３つのステップがあるので、マスターしてしまいましょう。

①勝負どころ、集中のしどころを知る

先輩や上司のアドバイスを受けて、積極的に見極める。

②リハーサルをする

必ず場面を思い浮かべて、実際に身体と口を動かして行う。

③動作の初めに〝儀式〟を意図的につくる

本番ではリハーサルのときのスムーズな感覚を取り戻せるようにする。

発表の機会がなくても「場」はつくれる

自分の仕事だと、大きな発表の場があまりなく、仕事の上では勝負のしどころがなく、人前に立つ機会がないという方は、ふだんの生活の中で人前で発表したり会議の進行役を買って出たりする機会を持つことです。

私は「よこの会」という、関西をベースにした女性の異業種交流会に参加しています。この会の目的の一つに、

「働く中で、企画する、交渉する、やってみたいけれど試す場がないという方に、行動を起こしてもらう。失敗も含めて経験を積むことでお互いに成長する」

というのがあります。

最初にこの目的を聞いたときに、私は入社した日から全員がリーダーという外資系の職場で仕事をスタートするという特別な環境にいたために、多くの機会を与えられていたこ

とが、いかに恵まれたことであったかを理解しました。

日本の企業では、若いという理由で発表の場が回ってこない人は多いでしょう。また、研究職なので人前で発表する機会が少ないという人もいるでしょう。

それが異業種交流会であれば、自分の興味のある分野で、企画立案や交渉について、経験のある方のアドバイスを受けながら行うことができます。

ＰＴＡや子どもの海外キャンプをサポートするボランティア団体で要職を務めたことで、発表や挨拶の機会が圧倒的に増えたという人もいます。

自分が何かをリードする、それによって物事を達成する機会は、たとえ仕事でなくても、積極的に関わっていけば、ここぞという集中力を発揮できる場を増やせます。

集中力を上げるために、あえて下げてみる

リラックス状態から集中力を爆発させる

集中力を高めるもう一つのポイントは、**いつも神経を張り詰めていない、集中しないときを積極的につくる**ことです。

エネルギーの法則の一つに、「エネルギーは上下する」というのがあります。高いエネルギーを発揮しようとするなら、その前に思いっきりエネルギーを低くしておく、つまりリラックスする方法を知ることが重要です。

プロのテニスプレーヤーは、ラリーのあと、サーブに移る直前に一気に脈拍を下げられ

るのだそうです。高い集中力というのはずっと持続するのは不可能で、下げているからこそ、ぐっと上げられるわけです。だから〝休暇〟が必要なのです。

スウェーデンに赴任して学んだことの一つが、休暇を取るときには完全に取る、というシンプルなことでした。今やデジタルデバイスのおかげでアイフォンやパソコンを使えば、どこにいてもいつでも仕事ができる時代です。休み中にもついついメールをチェックしてしまう人は多いでしょう。

スウェーデンでは、夏に3～4週間の連続した休暇を取るのが一般的です。しかも休暇の優先順位が非常に高いので、メールをチェックしません。メールの自動返答機能のところに「緊急の要件があれば電話かSNSで連絡をください」と書いてあり、メールをチェックしないことを徹底しています。結果、中途半端に仕事をすることなく、休暇中は完全に仕事を忘れてリラックスできます。

そのためにどうするかというと、休暇に入る前の準備期間に集中力のアップが徹底されます。ちょっとした案件なら休暇中でもメールで片付ければいいや、と思っていると、だらだらしてしまうことにもなります。

それがメールを見ないと決めているので、しっかり片付けておくとか、申し送りをして自分がいない期間に問題が起きない状態をつくっておくことが徹底されます。

スウェーデン人の同僚は、

「メールをすぐに返して働いているふりをしている○○人（どこの国とはあえて言いませんが）よりも、スウェーデン人のほうがよっぽど働いている」

と言っていました。

私もスウェーデンに住んでいた2年間は、長期休暇の計画を早めに立てて、それに向かってしっかり仕事をし、すっかりリフレッシュして戻るという、とてもいいサイクルが組めていました。

生活のメリハリが集中力を高める

今や在宅勤務が広がる中で、仕事と私生活をしっかり分けて、メリハリをつけて働くということは、今まで以上に難しくなっています。

でもスウェーデンのように3週間や4週間とは言わないまでも、1週間しっかり休む、それでまた集中して働くというメリハリを心がけたほうが、集中力は確実に上がります。

せっかくの休みなのに、ついつい仕事のことを考えてしまってリラックスできない、という方におすすめなのが、休暇を取ることに加えて、ペットを飼ったり、ガーデニングをやったり、自然と触れ合う機会をつくることです。

これらは、コロナ禍で仕事のストレスに対してどう抵抗力を上げるか、というトレーニングの場で、グローバルの参加者の多くが体験としてあげていました。うちも、家族4人が今までになかったレベルで、朝から晩まで顔を突き合わせることになり、緩衝材として猫を飼いはじめました。

ペットセラピーがあるくらいですから、文句を言わず温かくかわいい猫と一緒にいるとほっとしますし、ストレスが下がります。動物が苦手な方は、植物を育てたり自然の中に行くのもありです。

みなさんも、自分がほっとできる時間のつくり方を考えてみませんか？

第３章のまとめ

①《思考のエネルギー》は、上げるべきときにしっかり上げること。それをコントロールする次の３つのステップを普段から実行する。

- 勝負どころ、集中のしどころを知る。先輩や上司のアドバイスを受けて、積極的に見極める。
- リハーサルをする。必ず場面を思い浮かべて、実際に身体と口を動かして行う。
- 動作の初めにルーティンを意図的につくって、本番がスムーズに運ぶようにリハーサルのときの感覚を取り戻せるようにする。

②仕事外でも積極的に人前で発表したり、会議をリードする機会を探して練習をする。

③集中力は、いったん下げることでしっかり上げられる。あえて仕事を完全にシャットダウンする。休暇を計画し、その前後で仕事の集中力を上げる。

④自分なりのリラックス方法を見つける（ペットを飼う、植物を育てる、自然の中を歩く）。

第4章

今の自分をなりたい自分に変えていく

自分が大切にしていることを知り
それを仕事にも私生活にも
関連付けることで成果を上げる。

《精神のエネルギー》を上げる

自分を突き動かす精神を持つ

4つめの《精神のエネルギー》は、ビジネスのプロの精神は、どういう価値観で、何に動機づけられ、どこに向かっているのかということです。「仕事遂行上の精神力」という感じでしょうか。平たく言えば、自分が人生で大切にしていることであり、それを意識して仕事にも向き合おうということです。トレーニングでは、ここがもっとも目から鱗になることが多い部分です。

わかりやすい例から入りましょう。何かの折りに、自分でも予測不能だったほどのすごいエネルギーが出た経験はないでしょうか？

「火事場の馬鹿力」という言葉がありますね。例えば、子どもが危険な目にあったとき、母親が救おうとして、ふだんは考えられないほどの力を出して大活躍するといったようなことです。

そう聞くと、**自分にとって本当に大切なことのためであれば、ふだんの実力以上の力が発揮できる**と理解できます。今までお話ししてきた《身体・感情・思考のエネルギー》は、そもそもエネルギーを高めるための必要条件ではあるけれども、最高のエネルギーを発揮する十分条件には、もっともっと根源的な、自分の精神が大きな役割を果たすということです。

そうは言っても、仕事の場ではピンときにくいかもしれませんね。実は、多くの生産性やマネジメントトレーニングのビジネススタディが、この「精神」の重要性を指摘しています。社内でのトレーニングが非常に充実している企業では、この「精神」が自分のプロとしての能力に大きく影響を与えるとして、繰り返しトレーニングされます。

目標や夢をともにするという精神面での共有が必要

最初に私が「精神がパフォーマンスにとって重要だ」、というトレーニングを受けたのは、マーケティングディレクターになってすぐのことでした。このトレーニングは、「素晴らしい結果を出しているスポーツチームの共通点から、常勝ビジネスチームに必要な点を学ぶ」という構成になっていて、ニューヨーク・ヤンキースやニュージーランド・オールブラックスが取り上げられています。

日本人の感覚だと、星野監督の下で優勝を成し遂げた阪神タイガースや、2019年のワールドカップで大躍進を遂げたラグビー日本代表という感じでしょうか。

それらチームの共通点として、**一人ひとりのプレーヤーの能力以上に、とてつもなく高いチーム目標や夢を、個人個人が完全に共有していること**があるのです。

このトレーニングの最後には、参加者全員がそれぞれの個人目標を仕上げることが求められます。そして、

PCには副社長と自分が掲げた個人目標が映し出される

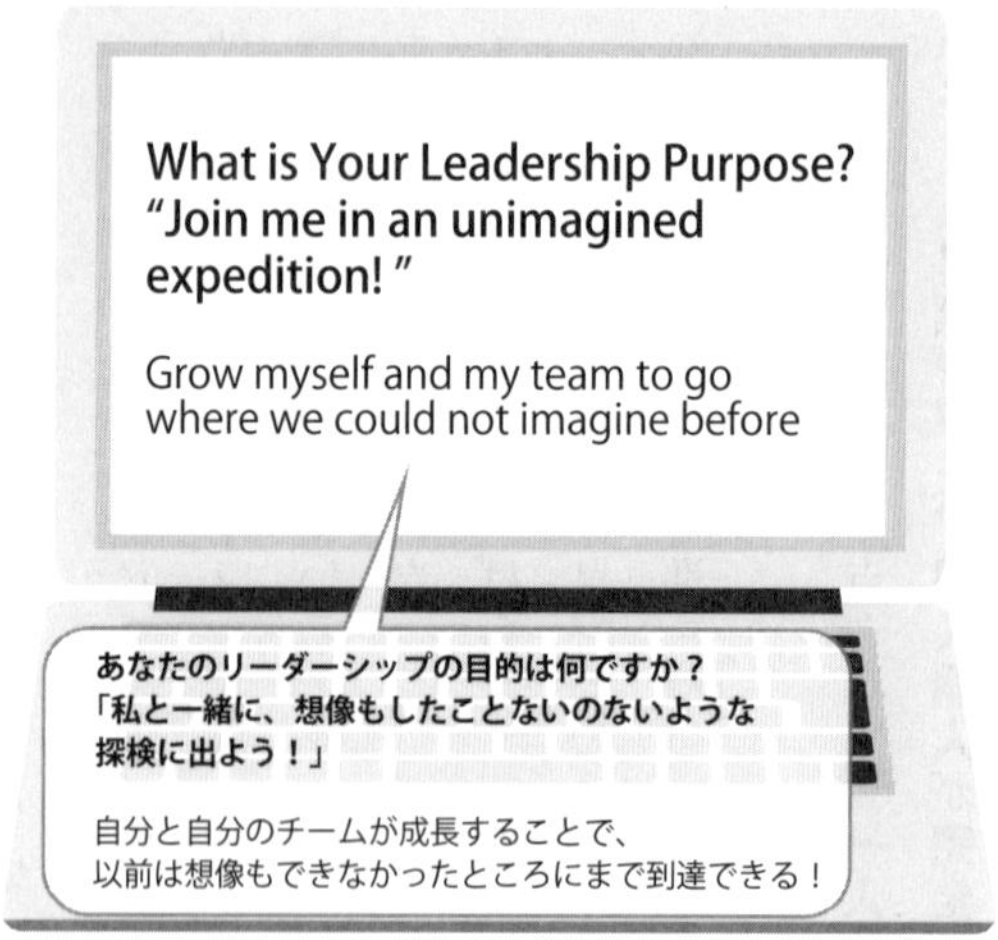
What is Your Leadership Purpose?
"Join me in an unimagined expedition!"
Grow myself and my team to go where we could not imagine before
あなたのリーダーシップの目的は何ですか？
「私と一緒に、想像もしたことないのないような探検に出よう！」
自分と自分のチームが成長することで、
以前は想像もできなかったところにまで到達できる！

- **自分がどんな人間で、どんなときに最高のパフォーマンスを発揮できるのか**
- **自分はどんな生き方をしたいのか（自分の墓標になんと刻まれたいか）**
- **自分が考え得る最大の挑戦は何なのか**

を明らかにします。

私は今でも、このときにトレーナーとして来ていたバイス・プレジデントが参考にと見せてくれた彼の個人目標と、私がつくったものをパソコンのデスクトップに貼り付けています。

そして、これを新しい仕事についた節目節目に見直すのが、習慣になっています。

この作業をするたびに、**自分がいかに人生において大切なことを考える時間を取れていないか**を思い知らされます。そして、**目標や夢の共有が、想像もできなかったようなビジネスの成功に結びつく**のです。

戦後日本の躍進を支えた多くの企業の物語でも、よい仕事をすることが日本の発展につながり、よい社会を築いていくという、わかりやすいベクトルのもとにたくさんの成功が生まれた実績があります。

最近の事例では、アマゾンの、

「地球上でもっとも顧客中心の会社となり、顧客がオンラインで買いたくなるものは、なんでも見つけられる場所となる」

というビジョン・ミッションは有名で、

「会社が持続的に成功を続けていくためには、会社にとっての指針となり、社員、株主、顧客、パートナーにとっても魅力的な方向性があることが重要だ」

としています。

生きる意味の中に働く意味を入れ込む

さて、ビジネスにおいて、目的意識が重要だという話をしましたが、それを個人の精神に落とし込むにはどうすればいいのでしょう。

実は、トレーニングではここがもっとも難しく、またトレーナーとしては、もっともやりがいのある部分です。どうも日本人には精神という言葉が宗教を意識させて、敷居を高くしてしまう傾向があるようです。また、

「あなたは、なんのために生きているのか？　それは、あなたの仕事とどう結びついているのか？」

という質問はとても哲学的で、普通の人は、

「そんなことを急に言われても……」

と思うのではないでしょうか。私自身もそうでした。

でも序章の冒頭で、スポーツのプロとビジネスのプロの共通点と相違点を挙げたことを

思い出してください。大きな違いの一つが、求められる時間軸の長さでしたね。
スポーツのプロだと、現役は10～15年というケースが多いようですが、ビジネスパーソンはほとんどの場合、最低でも40年、長い人だと70代、80代でも現役ですから、50年、60年といった気の遠くなるような期間、最高のパフォーマンスを出しつづけなければなりません。

そして、たいていの場合、週休2日であっても週の40～50時間、つまり眠っている時間を除けば半分くらいは、その間ずっと仕事に費やしているわけですから、**「なぜ自分は生きているのか」「自分が人生で大切にしていることは何なのか」の答えと、「なぜ自分は働いているのか」の答えが、近ければ近いほど幸せで、エネルギーも発揮しやすくなる**、遠ければ遠いほど、エネルギーを思いがけないレベルまで上げられるようなパフォーマンスをするのは難しくなります。

「なぜあなたは働いているのですか？」
と聞かれたら、私たちの多くが照れも含めて、

「そりゃ、お金を稼ぐためです」

と答えるかもしれません。でも、本当にそうでしょうか？　仕事の喜びややりがいを感じるのは、お給料をもらったときだけでしょうか？

モチベーションが上がらないのは、お給料が下がったから？　お給料は、仕事のモチベーションや高いエネルギーを発揮するための必要条件ではありますが、十分条件ではありません。

だからこそ、「なぜ働いているのか」と問われる前に、「なぜ生きているのか」と問われると難しくなってしまうので、

- 自分は人生において何を大切にしているのか？
- 自分が最高のパフォーマンスを発揮したいのはどんなときなのか？

という質問を先にして、それと仕事との接点を見つけていくことが大切なのです。

自分の精神を見極めると成長する

ある年の入社内定式で、内定者の方々に、

「子どもは本能で成長しますが、大人は努力で成長します。子どもは本能的に字に興味を持ち、2年生で九九を覚え、漢字を習い、目に見える成長を毎年遂げている。それを見ていると、嫉妬してしまいます。内定者のみなさんは、仕事を通じて大きく成長する人生の重要な節目にいますので、ぜひここで大きく成長してください」

という言葉を贈りました。新入社員たちからあとで、嫉妬の話にはびっくりしたと言われたことがあります。私にしてみれば素直な気持ちで、

「大人は、自分で成長しようという気持ちと目標を持たなければ、子どもにかなわない」

と思っていたので、驚かれたことにびっくりしました。私の中で、「成長」というのはそのくらい自分の本質的な部分なのだと思います。

この、自分の大切にしている精神を見つける作業というのは、人それぞれ違います。そして何度も繰り返すことで、自分をもっと知ることができる重要なものです。しかし、それほど重要なのに、後回しにされがちです。

私の場合、幸運にも自分が組織をリードする役割を担ったときに、率先して組織のやる気を引き出すためにワークショップや研修を行う機会をつくったことで、精神というもの

が人によって大きく違うことを学ぶ機会を何度も持てました。

経験値や責任範囲に大きな差のある組織をリードしたときのことです。それまでは幹部候補生のチームで、自分がリーダーシップを取って何かを成し遂げたい、というタイプの人ばかりに囲まれて仕事をしていたので、新しい組織では、個人個人のやる気は、単に葉っぱをかけたり、大きな責任を課したりするだけでは伸びないことに気づきました。

ならば一度、それぞれの精神を探るワークショップを企画しようと、１３３頁の30の言葉のリストの中から重要と思うものを選んでもらい、志向が似た人たちでグループをつくりました。その上で、自分たちがモチベーションを高めるために何ができるかをディスカッションしました。

私も参加者の一人として、似た志向のグループの議論に入れてもらったのですが、なんとそのグループの共通点は、「人との比較や人からの評価ではなく、自分自身の掲げたゴールに向かって自分ががんばることが大切」という意識だったのです。おまけに好きな運動も、陸上や自転車などの個人競技でした。

共通点を話し合いで見つけたあと、自分たちの特徴をほかの人たちにわかりやすく紹介するためにグループ名をつくりました。

Self motivator（自分でやる気を起こすタイプ）で自分を追い込みがちなタイプなので、どちらかというとマゾ？　という気持ちを含ませて「S&M」と命名したチーム。「愛されてなんぼ」という名前で、人から必要とされ感謝されることに高い価値を見いだすチーム。専門性追求型のチーム、難問を解決することに喜びを感じるチームなどがありました。

このワークショップをやってみて、やはり人間の仕事への本質的な動機というものは多種多様で、それを理解し、まわりにも理解を求めることがハッピーキャリアにつながる、という思いを強くしました。

今の自分をなりたい自分像に書き換えていく

自分の「現在のストーリー」を考える

トレーニングのやり方として、まず自分の精神にしっくりくる言葉を考えてみます。次頁表にある30の言葉の中から、自分にとって重要と思うものを5つ選んでください。

次に、書き出した5つそれぞれに、自分にとっての重要性を1点（低い）から10点（高い）の間でつけてみてください（A）。

さらに5つそれぞれに、今自分がエネルギーや時間、努力を費やせているかを1点（まったく費やせていない）から10点（非常に費やせている）の間でつけてください（B）。

自分にとって大切なことを確認する

バランス	創造性	寛容	謙遜	オープン
なにかに秀でる	人柄	成長	ユーモア	楽観的
コミットメント	信念	純粋であること	誠実	忍耐
共感	公平	幸せ	親切	他者への尊重
挑戦	家族	調和	知識	責任
勇気	自由	健康	忠誠	奉仕

［例］

	A 自分にとっての重要性 (1-10)	B エネルギーや時間、努力を費やせている度合い (1-10)	差 （A-B）
成長	10	7	3
挑戦	9	5	4
家族	10	5	5
健康	9	5	4
楽観的	6	7	−1

①差が5以上あった項目がありますか？

②それはなぜですか？　とくに大切なのにエネルギーや時間、努力が割けていない場合、例えば表の例であれば、家族。本当に家族は大切ですか？　本当に大切であれば、なぜエネルギーや時間、努力が割けていないのですか？

ここで登場する考え方が、人にはすべて自分の「ストーリー」があるというもの。日本語にして「言い訳」と言ってしまえば身も蓋もないのですが、言い訳というよりも「ストーリー」と言ったほうがピンときます。

なぜなら、もうこのストーリーは自分の中では言い訳とも自覚できないほどしみついていることが多いからです。

家族が大切なのに、家族にエネルギーや時間、努力を割けられていない例の場合、よくあるストーリーは次のようなものです。

▼現在のストーリー

「私にとって家族はとても大切だが、今は十分なエネルギーや時間、努力が割けていな

い。**なぜならば、その家族を養うために一生懸命働いているから**」

この「なぜならば」以下の部分が自分のストーリー、言い訳です。こうやってストーリーを明文化することで、ストーリーの結末を考えるのです。

・あなたの大切な家族は、あなたが十分なエネルギーや時間、努力を割けないでいることを本当に納得していますか？
・あなたは本当に何も犠牲にしていませんか？
・退職までこのまま働きつづけてやっと時間ができたときに、家族は本当に自分との時間を楽しんでくれるでしょうか？

自分の「新しいストーリー」を描く

次は、「現在のストーリー」に、自分で選んだ価値観を重ねてもらいます。

例えば、133頁の例B欄を見ると「成長」に高い価値観を置いていますね。であれば、「家族」にもっとエネルギー、時間、努力を割くためには、まずは**仕事で「成長」するこ**

とで自分の生産性を上げて、週に一度は早く帰るという挑戦をしてみる。自分のエネルギーを仕事外でも残せるように、**自分のエネルギー量を上げる挑戦をしてみる**などです。

本当に何かを変えたい、今のままの自分ではダメだという意識があれば、このストーリーを自分の価値観と結び直してその結果を受け止める練習をすれば、自分は本当に変わらないといけない、という意識を強くすることができます。

そこで、自分の「新しいストーリー」を書いてもらいます。

「私は大切な家族にエネルギーと時間、努力をもっと費やすことができる。なぜならば〜」

ここでも重要なのは、「なぜならば」以下のストーリーです。

自分が変えたい点というのは、過去にも挑戦して失敗していることが多いものです。なぜ今回は成功できると思うのか、その「なぜならば」に、自分の価値観に基づく根拠を入れます。例えばこうなります。

自分の新しいストーリーを書く

■現在のストーリー

私にとって家族はとても大切だが、
今は十分なエネルギーや時間、努力が割けていない。

なぜならば

その家族を養うために一生懸命働いているから。

反転！

■新しいストーリー

私は大切な家族にエネルギーと
時間、努力をもっと費やすことができる。

なぜならば

私にとって家族はもっとも重要なものであり、
また私は挑戦して成長することも重要だと思っているので、
自分が生産性を上げて成長することによって、家族に費やす
エネルギーと時間を生み出すことができるからである。

▼新しいストーリー

「私は大切な家族にエネルギーと時間、努力をもっと費やすことができる。なぜならば、私にとって家族はもっとも重要なものであり、また私は挑戦して成長することも重要だと思っているので、自分が生産性を上げて成長することによって、家族に費やすエネルギーと時間を生み出すことができるからである」

つまり「なぜならば」の前後を反転してみると答えが導かれるのです。

自分のストーリーを書き換える

「コーポレートアスリート」のトレーニングで多かった課題は、運動習慣をつくることと、残業を減らすことでした。運動習慣については第6章で詳しく触れますが、残業を減らしたいというのは、多くの人が持つ「変えたいけれど変えられない」ものでしょう。その時点でのストーリーは、次のようなものです。

▼現在のストーリー

「残業を減らしたいけれどできていません。なぜならば、上司がまだ働いているのに先に帰ると仕事への真剣味が足りないと思われるし、成果主義で結果を出すためには仕方がないし、仕事量は増えているけど員数は減っているのだから仕方がない。引き受けた以上、やらないと責任感がないと思われるからです」

仕事を減らさずに残業を減らそうとしているわけですから、よっぽど強い意志がなければ、なかなか直りません

そこで、ストーリーのところでお話したステップを踏みます。まずは、そのストーリーによって、どのような望まない結果がもたらされているのかです。

例えば、家に帰ったらへとへとで、結局朝早く起きられず、ますます登社時刻が遅れてしまうとか、朝の効率が落ちて結局午前中はあまり仕事になっていないとか、家族に顔を合わせる時間が減ってしまって、家族より仕事を優先させていると思われているとか、頼んだらイヤと言わないので便利屋にされているとか……。

ここで、自分が大事にしているはずの精神に基づいて、本当にこれらの望んでいない結

果を無視していいのかを、よく考えてもらいます。

ありがちなのが、残業が多くて家族に仕事優先と思われている人が、実はもっとも大事にしている価値として家族を選んできたというケース。「家族のために働いているのだから、仕方がない」などと言い訳されているのですが、家族からはそう思われていなくて、自分でもわかっていたりします。

であれば、まずするべきことは、「新しいストーリー」を書くこと。

▼新しいストーリー

「私は必ず、週に2日は残業をせずに家に帰ります。今回は必ずこれができます。なぜならば、私がもっとも大切にしているのは家族で、家族との時間をきちんと取ることは、自分の最大の価値だからです。また、私が家族を大切にしていることを伝えるのに必要だからです」

ここまでできれば、禁煙でも、子どもの忘れ物チェックでも、自分の中での優先順位が上がって、「よし、今回はできそう！」という気になります。とはいえ、それを毎日続けていくのはやっぱり大変。そのためにどうするかは、第6章でカバーします。

私のストーリー書き換えの実際

私が30代になって初めて「コーポレートアスリート」のトレーニングに参加したときには、健康的な習慣をつくるきっかけをつかめました。

実は、多くのビジネスのプロが、生産性を上げて成果をもっと出したいと思うときに、体力的な要因に取り組むことが、もっとも重要で簡単であることが多いのです。それほど、彼らは不健康な生活を送っているわけです。

生物としての自分のメンテナンスが、知的生産性にそれほどの影響を与えているということは、意外と知られていないものです。

私が30代なかばで再度、今度はトレーナーになるためのトレーニングを受けたとき、私のストーリーはちょうど小学校に入学した娘とのことでした。

娘が3カ月のときから保育園にお世話になり、先生方の厚いサポートで、

「お母さん方は、お子さんのことは心配しないで仕事に打ち込んできてくださいね」
という環境で仕事を続けていました。

それが小学校に入ると、そこはお母さんのサポートのための施設ではなく、子どもの教育のための施設になったため、新たな挑戦が始まりました。

それまでは食事、排泄といった物理的な世話を必要としていた子どもは、精神的なサポートや親との会話の重要性が増していて、これも私には戸惑うことばかり。

小学1年生の1学期が始まってしばらくして、担任の先生から連絡帳いっぱいに、娘の忘れ物が多いこと、年齢的にまだ自分では十分に確認ができないので、忘れ物をさせないことは親の責任であることなどが、こんこんと書かれていました。未熟な親にとっては「がーん！」な体験。

そうは言いつつ、それまでは保育園1カ所のお迎えで家に帰り、ご飯を食べさせ、お風呂に入れて就寝準備で終わっていた夜7時から9時の2時間が、今度はファミリーサポートへのお迎えがもう1カ所増え、子どもの宿題と忘れ物チェックが入るというのは、とんでもない負担だったのです。

その上、初めての学校から疲れて帰ってきている娘にしてみれば、「ちょっとのんびりさせてよー」という感じで、ご飯の支度をして下の子とご飯を食べている間、上の子はTVをつけて見入ってしまう毎日。

「明日の用意をしなさい！」

「宿題は終わってるの？」

と毎日が口論になってしまって、親も子もストレスいっぱいな毎日でした。

そんなときに2度めに受けた「コーポレートアスリート」のトレーニングが救いの神になったのです！

私のもともとのストーリーは、次のようなものでした。

▼現在のストーリー

「私には娘の忘れ物チェックまで完璧には終わらせられない、なぜならば、疲れて帰って来て時間がないときに、娘は自分ではやろうとしないし、すぐ親の責任にして文句ばかり言うから」

もちろんそんなことは言い訳で、先生が言うとおり、学校が始まっていっぱいいっぱいの娘の責任にするのではなく、親がちゃんと本人の気持ちを汲みつつ明日の用意をリードしてあげないといけないことはわかっていました。

次に私が意識させられたのは、私の精神です。最初に選んだ精神には、家族、成長、挑戦が含まれていました。でも、家族が入っている割には、せっかく小学生になった娘に対して十分なケアができていないのはなぜなんだろう？

また、子どもを持った2回とも、自分はなぜ3カ月で仕事に戻るという決断をしたのだろう？　と自分に問い直しました。

そのとき、私の中では、「挑戦」が大変重要な位置を占めていることを、改めて自覚させられたのです。考えてみれば、当たり前なことで、子どもが2人とも3カ月のときから仕事に復帰することを選んだのは、そのときワクワクする仕事があったから。

もちろん子どもたちがかわいくてたまらなく、その子どもたちをおいて仕事に戻っているんだからこそ、中途半端な仕事はできない！　とがんばってこられた面はありますが、

「家族第一。はい終わり！」であれば、そんな選択はしていなかったはずです。

そう、改めて自覚させられたのは、私の中で、「成長」や「挑戦」といったことに対する意識が非常に重要だということです。

では、どうやって私が忘れ物チェックに対する優先順位を上げて、今回は毎日できるようになれたのか。私の新しいストーリーでは、次のように文章を足しました。

▼新しいストーリー

「私は毎日娘と、学校でどんなことをしたのかを話しながら、明日の用意を一緒にします。私は、必ずそれが毎日できるようになります。なぜならば、私にとっては、家族が重要なだけではなく、小学生の娘を持つことで、小学生の親を体験することが新たな挑戦であり、自分の成長にもつながるからです」

これは、私の中では大きな転機となりました。子どもの成長が私の成長につながっていること、この成長軸でもう一度育児を見直したときに、今自分が何をしなければいけないか、が大変明確になりました。

第4章のまとめ

①エネルギーピラミッドの頂上は《精神のエネルギー》で、自分の精神（私が大切にしていること、そして私はなぜ働くのか）を問い直し、それを毎日の仕事や変えたい自分と重ねていくと、大きなパワーが生まれる。

②自分の《精神のエネルギー》を見つけることに時間を費やし、そのエネルギー量と時間、努力がバランスよく配分されているかを分析する。

③バランス上、差が大きくて、その開きを自分が変わることで変えたいのであれば、「現在のストーリー」（言い訳）を書き出して、できない理由を明文化する。

④その理由の結末、行き着くところを理解し、自分が払っている犠牲を見つける。

⑤変わった自分を想像して、「新しいストーリー」として書き出し、「なぜならば」の後ろには、自分が大切にしている精神を入れることで、今までできなかったことがなぜできるのかに説得力を持たせる。

第5章

基礎能力を鍛えれば生産性も効率も上がる

仕事のスキルを鍛えれば
エネルギーは増え
成果が効率よく上がるようになる。

基礎能力を鍛えれば生産性は上がる

仕事の基礎能力はたったの3つ

序章で、「成果を出すためには、時間を管理するのではなく、エネルギーを管理するのだ」というお話をしたときに、私の母と私の家事能力、その結果の明らかな差の例を使って、エネルギーの管理に加えて実践的スキルをしっかりマスターすることも、かかる時間を大きく変える力になる、という話をしました。

この章では、エネルギーを管理することに加えて、もう一つの基本中の基本、仕事における能力を上げる、という実践的スキルについてお話します。

組織にとって、人員数というのはとても重要なことではありますが、個人の能力によって仕事の成果には大きな差があります。

単純作業の繰り返しであれば、長く作業をしている人や経験値の高い人が、成果をもっとも左右するかもしれませんが、変わりゆくビジネス環境の中でビジネスパーソンが成果を上げるのであれば、基本的な能力を意図的に上げていく必要があります。

毎日の仕事力を少しずつでも鍛えていったら、自分の生産性は驚くほど改善されると思いませんか？

私が基礎的な仕事能力として重視しているスキルは次の3つです。

A. 目的を明確に定義する能力
B. 情報のインプット、アウトプットの速さ
C. 物事の本質をシンプルにつかんで説明する能力

以下に、その内容を説明していきましょう。

仕事の目的を明確に把握する

この本で一貫してお話ししている「成果を上げる」ということですが、一番重要なのは、**「何が成果なのか」「何をもって成果が上がったと言えるのか」という本質を明確に定義することです。**この一見当たり前のことが、実は当たり前ではないというのが実情でしょう。

組織で働いていると、「上司が、部長が、社長が○○をやれと言ったからやっている」ということが多くあると思います。

幸運なことに、私が若い頃に仕事のやり方を叩き込まれたときは、自分が主体で物事を進めることを初日から求められるので、「誰々からやれと言われたからやりました」では、リーダーシップがなく評価もされないことになります。ですから、何のためにやっているのかを理解して進むことを徹底して訓練されました。

大きな組織だと、上司に言われて方向性が決まるということはありますが、最終評価は、ビジネスの目標、組織の目標が達成されたかどうか、という点で行われます。

つまり、上司に言われたとおりにやっていても、ビジネス目標が達成されなければ評価されず、目標達成のためには上司とは違う提案も求められるのです。

自分が社長になって一番驚いたのが、

「野上さんがやれと言ったから」

と言って、びっくりするようなプランを出してくる部下が多くいたことです。これは私にとって、自分のコミュニケーションスタイルが、日本企業では機能しないことを学ぶ機会になりました。

同時に、会社では多くの社員が、

「成果＝上司に言われたことをやる」となっていて、

「成果＝何のためにやるのか、何が最終ゴールなのか」を自分で考えることがないということを学ぶ機会にもなりました。

日本企業の生産性が低い理由の一つが、この目的意識の欠如だと思います。

実際、とても優秀な部下がプランを発表したときに、
「何のためにそれをやるの？」と聞いたら、
「こういうふうにやれと申し送りを受けました」と言われ、思わず、
「バトンを見て走るんじゃなくて、ゴールを見て走れ！」と言ったことがあります。

目的意識を強く持てば成果につながる

この目的意識の明確化は、生産性の高い組織、目標達成を最重要視している組織では、当たり前のこととして行われています。私の場合、若い頃から何のためにやるのかを自分で説明する、例えば、「自分の出すプランの冒頭にはビジネスの目的と目標を書いてから内容に入っていく」といった指導を受けていたのがよいトレーニングになりました。

P&Gでは、すべてのトレーニングを自分たちでやるのですが、私の場合、マーケティングのＲＯＩ（投資効率性）のトレーナーをやっていた経験も、徹底して明確な目的意識を持てるようになることにつながりました。

当時、実行されていたＲＯＩのプロセスは、生産性を最大に上げつづけることが求めら

れる生産プロセスのノウハウを生かしたものになっていました。
その概要は次のようになります。

① 毎年、自分が担当するブランドのマーケティング予算を3割再投資する（昨年とは同じ使い方をしないプランを立てる）＝今年と同じ使い方ができない金額（3割分）を計算する。

② すべての予算計画と結果をチェックし、それぞれの予算が果たすべき目標に到達できていないものを割り出す。

③ ②の合計が①と同じになるまで②を徹底して行う。

昨年の予算から1割をほかに回すのであれば、制作費を削るとか、紙代を購買部門の協力で下げるとかしてやりようもあるのですが、3割となるとこのやり方ではできません。もっと徹底して予算の効率性を考えさせるために、「それぞれの予算が果たすべき目標に到達できていないものを分析する」というところが味噌です。

例えば、新製品のサンプル制作に使う予算であれば、**果たすべき目標に到達した状態と**

いうのは、その製品のターゲットに配られ、購入につながったことになります。

であれば、まずは配ったサンプルのうちターゲットに配られた割合はいくらか、その割合を上げるにはどうすればいいのか、配られた中で購入につながった割合はいくらか、その割合を上げるにはどうすればいいのかと、プロセスの一つひとつを見直すことで、予算の効率性を上げることができるのです。

よくあるのは、せいぜい配った総数やターゲットに配った数を追っていたりするのですが、**目的を厳格に明確にすることで、無駄を徹底して排除する**という考え方です。

このくらい目的意識を厳格に持っていれば、成果につながらないことを徹底して排除していくことができるのです。

情報のインプット、アウトプットを速くする

情報のインプット、アウトプットの速さというのは、簡単に言えば速読、速書の能力です。実は、「A．目的を明確に定義する能力」があれば、情報の取捨選択がやりやすくなるので、「B．情報インプット、アウトプットの速さ」にもつながります。そして訓練す

ればさらに速くできるのです。

私の場合、脳みそがもっとも柔軟な20歳前後の4年間をディベートに費やしたからこそついた能力でもあります。

とにかく多くの資料を読み込んで整理し、試合では限られた時間内で相手に反論するための議論を構築する、という練習を繰り返していたので、**速く読んで速く理解し速くまとめる**という訓練ができました。

議論の時間が10分と決まっているので、その中ですべての論点で勝っていくために、ストップウォッチ片手に練習をしていたくらいです。

社会人になってからのテクニック面では、**情報のインプットに関しては、まず全体像を把握してから細部を必要なレベルまでチェック**しました。

このテクニックは、31歳で娘を出産し3カ月で化粧品というまったく新しいカテゴリーに移ったときに、当時カテゴリーの知識Ｎｏ１を誇っていた男性リサーチマネージャーに情報収集方法を教えてもらったことがきっかけで身についたものです。

美容カテゴリーの場合、あらゆる女性誌（今であればネットを含む）が内容をカバーしているので、まずはその月の全雑誌の見出し部分を俯瞰して、重要そうな傾向にねらいを定めてから読み進む、というものです。

同じやり方を、アストラゼネカに移って、まったく新しい医薬品のカテゴリーの勉強をしたときにも教えてもらいました。

このときには、治療分野の専門集団のリーダーに、同じく知識の入れ方を教えてもらいました。まずは学会（各治療分野の最先端、最重要トピックが発表される場）のメイン会場に1日座って、演題をざっと聞くことで、その治療分野の最新の重要ポイントをインプットできるというもの。分野は違いますが、まったく同じやり方です。

この2つの経験に共通しているのは、学びたい分野の専門家に学び方自体を教えてもらうこと。闇雲に知識を入れようとするよりも、ずっと効率的にポイントがつかめます。

情報のアウトプットに関しては、とにかくモデルになる定型文や定型メールを持っていて、まずはなぞって書くのがおすすめです。これも新入社員時代に学んだことですが、ビジネス文書は、できるだけ定型文を使うことで、書く手間を省けるだけでなく、読む側も内容に集中できるという利点があります。
とくに数字を扱うグラフなどは、フォーマットを変えると、それによって意図をもって変えているように見える（数字をこう見せたいという意図が入っている）のでやめなさいと、当時2年目の先輩に教わりました。

物事の本質をシンプルにつかんで説明する

「C. 物事の本質をシンプルにつかんで説明する能力」のベースとなるのは、実は**「A. 目的を明確に定義する能力」**です。なぜなら、**物事の本質というのは、何を目的にしているかによって変わってくるからです。**

シンプルであること、明確であることの重要性は、複雑に変化するビジネスの世界でさらに増していきます。コロナ禍でもよく聞くようになったVUCA（変動性が高く不確実で複雑であいまいな世界）という言葉を私が初めて聞いたのは、10年以上も前の幹部会議でのことです。

そこで強調されていたのが、

「変化と成長を恐れない」

「複雑で多岐にわたる情報をシンプルにまとめる」

でした。複雑なことを複雑に説明したり、そのまま実行するのは誰にでもできますが、これからの**リーダーは、複雑なことをシンプルに説明でき、シンプルな実行プランに落とせなければいけない**というのです。

そのときマネジメントの一人が言った「シンプルにするということは、シンプルではない」という言葉がその難しさを表しています。

この能力は、ある程度は訓練で身につきます。というのも、先ほど触れた大学時代のディベートの経験が、物事の本質をつかむ訓練になったからです（ディベートの場合、この議論を崩せば相手に対して強い反論になりうるというポイント）。

情報を漫然と聞くのではなく、常にポイントをつかむように聞くという練習をします。これも若い頃から、論理的に説明する能力として、まず結論、そしてその理由を2、3点にまとめて発表する練習をかなりさせられました。

何かを漫然と繰り返すのではなく、意図を持って練習するのは、スキルをマスターする上での常道です。例えば会議や発表会があると耳にしたら、率先してそれをまとめる作業を引き受けるといいでしょう。

そのときも、日本の会社でよくある網羅的な議事録ではなく、**結論とポイントを要約するようにすれば、複雑な状況のポイントを絞り込んでシンプルにまとめる練習が積めます。**この構成はニュースリリースや新聞記事を書くのと同じです。

仕事で求められなくても、自分で練習して、同じような志のある人とフィードバックしあってみてはどうでしょう。1日に1回、例えば30分それにかけたとしたら、1週間で150分、1カ月で600分=10時間。1年続ければ100時間にも120時間にもなります。これこそ筋トレと一緒です。

スポーツ選手だってランニングしているのです。ビジネスのプロが結果を出そうと思ったら、毎日英語を速読する練習をする、何かの資料を要約する練習をする、会議の内容を要約する練習をする、それらがより速く正確にできるようにする。これらはスポーツ選手にとってのランニングのようなもの、当たり前のことです。

仕事が多いと嘆く前に、自分はプロとして、仕事力を鍛えて、給料をもらうレベルに達しているのか、いつも襟をただして自分に問いたいと思います。


日頃の練習に加えて、もう少し長い目で見ると、自分の仕事の責任範囲が少しずつ広くなっていくときが、このシンプルにする能力を鍛えるもっともいいチャンスです。昔上司が、

「新しい仕事に移ったときは大変だが、2回、3回と体験するうちに、ポイントのつかみ方がわかってくる」

という話をしてくれました。

若い頃は、仕事の範囲がだんだんと広がっていくので、つかまないといけないビジネスの状況も複雑になっていきます。ここでも「漸進性過負荷の原則」（79頁）で、少しずつ複雑になっていく状況を理解する訓練を積めば、どんな状況にも対応していけるようになります。

外資系で働いていてよかったことの一つが、自分の担当する市場の説明を、まったく知らない人にする機会を多く持つことです。日本企業で働いていると、同じ人たちが同じ市場を担当していることが多く、知識が明確に語られたり問われたりしないことで、暗黙の了解とか明文化の欠如があると感じました。

グローバル幹部に自分の市場を定期的に説明していると、驚くほど当たり前のことを知識として聞かれます。逆に聞かれることで、その点が自分の担当している市場の特徴であることがわかることもありますし、限られた時間内にどのポイントを話すのかという訓練にもなります。

自分の口で説明して初めて、自分の理解度がわかるといういい経験です。例えば、新しく赴任してきた人に、自分の担当している仕事のオリエンテーションをするように、背景を知らない人に自分の仕事を説明する機会があれば、ぜひ積極的に活用してください。

時間を短縮するより効率を上げる

忙しいときほど効率を上げられる

150頁で紹介した、
A．目的を明確に定義する能力
B．情報のインプット、アウトプットの速さ
C．物事の本質をシンプルにつかんで説明する能力
という3つのスキルは、仕事の効率化に欠かせません。私の場合、このスキルを上げられた大きな要因の1つが、ワーキングマザーであったことです。

32歳で長女、35歳で長男を授かり、33歳のときにマーケティングディレクター、37歳でゼネラルマネージャーに昇進したため、時間の制約が大きい中で、いかに効率よく成果を上げるかを考えざるを得なかったのです。

結果として、最短で目的を達成するにはどうすればいいのかを、いつも考え行動していました。30代の訓練としては過酷ではあるけれど、最高の経験でした。

私のまわりにも、ワーキングマザーで産休・育休を終えて戻ってくると、最初は泣きながら仕事をしていたのに、そのうちとても効率的に働くスキルを持つようになった人がたくさんいます。なので、子どもができたときに辞めたいという人には、辞めるのはいつでもできるから、とにかく働きつづけるようにすすめています。

体力のある時代にフルタイムで働いて、そのうち体力のダウンを迎える男性に対し、ワーキングマザーの利点は、まだ体力があるうちに、効率を上げざるを得ないため、スキルが上げられるのです。

「必要は発明の母」とはよくいったもので、追い詰められたときほど能力アップの機会ですので、ワーキングマザーの方々には、ぜひここがチャンスと思っていただきたいのです。

男性の方にも、ぜひ30代、40代前半のうちから、長時間労働を当たり前にせずに、自分でお尻を区切って労働時間を短くするのではなく、仕事の効率を上げる意識を持っていただきたいのです。その結果、労働時間が短くなるというのが正しい姿です。

メールに時間を取られないルールをつくる

今のビジネスのプロの悩みである「メールに時間を取られる」ことに触れておきましょう。とくにコロナになってからは、メールの数が倍増したという人もいます。

私のメールとの向き合い方の出発点は、昔P&GのCEOだったボブ・マクドナルドが言った、

「メールに対応したことで働いた気になるな」

という言葉でした。これは、彼が自分への戒めとして、1日の終わりに今日は何を成し遂げたかを必ず問うのですが、そのときには、

「メールに対応したことで働いた気にならないようにしている」

という文脈で話してくれたと記憶しています。この言葉にハッとさせられました。

行動と責任の範囲が広がるにつれて、メールの数も、呼ばれる会議の数も増えていきます。これらに忙殺されていたのでは、本当の意味での成果は上げられないと、ボブが自分に言い聞かせているという姿に感銘を受けたのです。

これもまさに「A．目的を明確に定義する能力」に関わってくるのですが、例えば顧客向けのメール対応の仕事をしている人以外は、メールに対応すること自体はなんの目的にも関係していません。

自分がどれほど、やらなければならない成果を明確に理解できているかで、メール対応の重要度も変わってきます。これもよく言われることですが、「重要度大〜小」「緊急度大〜小」のタスクが目の前にあったときに、私たちはついつい緊急度大であれば、重要度に関わらず優先してしまうものです。

重要度は目的によって変わりますので、常に目的意識を忘れないことが大切です。それを踏まえた上で、メールにかける時間を最小限にするために私がやっていることが3つあります。

①1日1〜2回しか見ない

ありがちな失敗が、仕事の片手間に、いつもメールをチェックしてしまって、いちいち反応しないといけない、という気持ちになってしまうこと。

メールの特徴として、自分が反応する前にほかの人が反応して、1時間の間に問題点が変わっていることがあります。それをまとめて結論から見れば、間にいちいち付き合う必要がなくなります。

グローバル企業の場合、海外からのメールも多いので、私の場合、アメリカが主な相手のときは朝の1時間で前の日のメールを全部チェックしてしまう、ヨーロッパも入ってくれば、朝と夕方に1回ずつ見る、という対応をしていました。

最新のものから見るのですが、決して飛ばさないので、「この人は返事をくれない」と思われることも避けられます。

休暇のときにも、一番のおすすめはスウェーデン方式で、間にちょこちょこ見るよりも、緊急時は相手がメールではなくて電話かSMSでコンタクトしてくるようにメッセージを流しておき、休暇明けに最新のものから一気に見れば、ほとんどのメールは間のやりとりなので見る必要がなくなります。

②メールを開いたら処理するまで閉じない

メールの非効率な対応方法として、開いても処理をあとに回していると、何度も開いたり閉じたりすることになります。

私はいったん開いたら、これは自分が今反応しないといけないのか（今、時間がかかっても反応します）、ほかの人が反応したほうがいいのか（ほかの人に回します）、基本情報を理解すればいいのか（読み物ファイルにまわします）、無視するのか（削除します）、必ずその場で決めます。

これを放っておくと、一度開いたものの処理ができていないメールがどんどんたまることになります。

③組織に影響するメールにはルールをつくる

昔、組織でメールが多くなりすぎたとき、とくに外部のエージェンシーとのやり取りが膨大になったときに、私の部下が、外部エージェンシーも含めたメール対応ルールをつくって徹底してくれました。

時候の挨拶は入れない、全メールに同じルールでタイトルをつける（プロジェクト名の書き方など）、最初の対応をいつまでにするか、などを徹底します。

こうすると、自分だけでなくグループでメールの処理時間を減らすことができます。顧客からのメールが多いときには難しいですが、見知った相手には使えるやり方です。

時間をつくり出す方法はまだまだある

仕事の「見える化」で時間をつくり出す

私の部署で、ワーク・プロセス改善の取り組み「ワーク・シンプリフィケーション」に取り組んだことがありました。

当時は、仕事の効率化（シンプリフィケーション）は、私にとって大きな課題の1つでした。自分の仕事のやり方の効率化には自信があったものの、これを組織的に進めるにはどうしたらいいのか、解決方法が見つかっていなかったのです。

それならプロに聞いてみようと、専門家好きの私としては、まずは社内で生産性アップのプロである生産統括本部の人に相談して、「カイゼン」の手法を取り入れてみることにしました。さっそくプロを2人派遣してもらって、チームで手法の勉強会。

最初に言われたことが、「仕事の見える化」でした。

「騙されたと思って2週間分、自分の仕事をタイムテーブルにつけてください」

部署のみんなで、私も含めて2週間、朝から晩までの時間の使い方をだいたい15分単位で記録してみました。

結果は、全員にとって驚くものでした。それまで、ワーク・プロセス改善で取り組みたいと出ていた課題が、実はあまり時間を取っておらず、メールのやり取りを含む取引先エージェンシーとの確認、プロジェクトの途中経過を確認する社内会議などが、思った以上の時間を占めていたのです。

なるほど、「見える化」の力です。これをいったんやってしまうと、仕事の効率を、ここを出発点としてシンプル化し、現在の成果をそのままに、仕事時間を減らせるようになります。

ここで、さらにいただいたアドバイスが、

「完璧でなくてかまわないので、とにかく仕事を時間という軸から最適なプロセスに持っていくまで実行し、それによってカイゼン結果も見えるようにしましょう」

みんなで何に何時間使っているかをレビューしあったことで、同じ仕事をより簡潔に進めているグループを見つけて、まずはそのグループの手法を全体の共通プロセスにするだけで、かなりの時間を減らすことができました。

これを毎年していくことで、仕事の棚おろし、つまり継続的なカイゼンができる仕組みになっています。なので、次の年にも見直しを行いました。


仕事の進め方は、一度最適化したらもうそれで終わり、と思ってしまいがちですが、生産性を上げるプロの目から見たら、無駄は常に発生しているし、新しい仕事に取り組むことで、新たなカイゼンの必要性も出てくるので、必ず毎年成果が上げられると励まされています。

今までは個人の生産性を上げる方法として、時間ではなくエネルギーの話をしていましたが、組織で仕事の効率化を進めるのであれば、客観性が高く、共通項目である「時間」

を使ってカイゼンをやっていくのは、よい方法になります。プロとしては、自分の技術と時間、それによって得られる結果に対して、会社に投資してもらっているのですから、常に自分の「仕事の仕分け」をして生産性を上げておく必要があります。

アウトソーシングで時間をつくり出す

さて、「効率を上げる」というのは、ビジネスだけにとどまりません。もしあなたが、家事もこなすワークライフバランスのプロなら、とにかく「アウトソーシング」（人の力を借りる）と「IT活用」（道具を使う）で、自分が重視する分野に時間を配分できます。

「仕事と子育てを、どう両立させているんですか？」

と聞かれたら、私は必ずこうお答えしています。

「猫の手も、親戚も、ご近所も、すべての手を借ります」

子どもが3カ月のときから働いていますので、子育てを夫婦だけで完結するのは不可能でした。そこで、次のように協力をお願いして乗り越えました。

・育休復帰が決まった直後（1人目出産2日目）、大阪市の認可保育園に「区が設定している6カ月以内でもいいから入園させてもらえないか」と、直訴の手紙を投函。
・子どもが2カ月半のときは、14年間もペーパードライバーだったので運転練習を再開し、正月休みに主人に訓練してもらう。
・長女3カ月で復帰以来、スウェーデン赴任まで15年間実家の母に週2回通ってもらう。
・病気のときは、子ども好きの京都の叔母に来てもらう。
・初の長期海外出張では、九州の主人方の両親に子ども2人を2週間預かってもらう。子どもたちは九州の保育園に転園。
・長女小学校入学後は週2〜3回のペースで、ママ友に「ファミリーサポート」として学童後の面倒を見てもらう。
・学校の各種説明会、授業参観、子どもとの懇談は、すべて私、主人、母、父の4人体制でカバー。足りないときは叔母出動。
・ママ友同士で、おばあちゃん保育の日に子どもたちを、両方のおばあちゃんに交代で見てもらう。

仕事もそうですが、子育てもチームプレイで、人のお世話にならずには成り立たないと痛感します。

「はなみづきキャリア塾」という、私が委員長を務めていたＡＣＣＪ（アメリカ商工会議所）が後援して、ドーンセンターが主催している女性のキャリア応援セミナーに参加したときに、大阪ボランティア協会理事の早瀬昇さんが、

「人に頼れるのは、本当に強い証拠」

とおっしゃっていました。まさに、私が部下に任せられるときに感じた、自分の仕事と特有の貢献分野に自信があれば、人に任せられると感じたのと同じです。

ワーキングマザー、ワーキングカップルとなって、いろいろな方のお世話になっていることが、仕事でも素直に人にお願いし、感謝することにもつながっている気がします。

「使えるものは、猫の手でも使え」と言ってしまうと身も蓋もないのですが、うちは「子どもは、社会で育てるのが一番！」と勝手に理想化して、どんどん人にお願いして、家庭と仕事の両立を図っています。

おかげさまで、物心つかないうちから、いろいろな方に育てていただいた２人の子どもは、まったく人見知りをしません。

道具を使って時間をつくり出す

家庭でも、人の手を借りるだけでなく、家事の効率化が図れることがたくさんあります。最近の私の一番の感動が、主人におねだりしたお誕生日プレゼント、お掃除ロボットのルンバ君です。これが、本当によかった！

実は友人からすすめられていたポイントというのが、ルンバ君のお掃除機能以上に、「なんだかペットぽくて、子どもたちも主人も喜んで、ルンバ君がお掃除するから片付けて！　って言うと、床のものをみんな片付けてくれるよ」ということだったのです。

狙いどおり、テクノロジーロボット好きの主人はすっかりはまり、今では土曜に、主人と子どもたちが出かける前の習慣になりつつあるのが、ルンバ君出動のための準備＝床のものをすべて拾って机や椅子を片付ける。これで、新たに1時間捻出でき、おかげさまで、ランニング時間が1時間増やせました。

こうやって、新しい習慣をアウトソースや道具でうまくつくり、少しずつでも生産性を上げるように意識して努力する。この発想は、仕事にも家庭にも使えますね。

浮いた時間は、ぜひ家族との密度の濃いコミュニケーションや自分磨きの時間に使ってください。

第５章のまとめ

①成果を上げるために仕事の基礎的能力を鍛えると、エネルギーは増え、結果にもつながる。そのためには、次の３つを鍛えるのが効果的。

- 目的を明確に定義する能力
- 情報のインプット、アウトプットの速さ
- 物事の本質をシンプルにつかんで説明する能力

②時間に制約があると（例えばワーキングマザー）、仕事の効率化に取り組まざるを得ないので、スキルを鍛えやすい。

③ＡＢＣに加えて、時間を取られやすいメールの対処法を身につける。

第6章

「習慣の力」は必ず成果を生み出してくれる

習慣化する力を身につけると
さまざまな課題に取り組んで
成果を上げられるようになる。

行動を起こすために習慣をつくる

習慣化すると結果はついてくる

ここまで、４つのエネルギーの考え方と、それをトレーニングや日頃の生活習慣によって高め、マネジメントする方法をまとめてきました。また、仕事で効率を上げるための基礎的仕事術の上げ方についてもお話しました。

最後は、いよいよみなさんが明日から自分を変えたいと思う点、鍛えたいと思うエネルギーを行動に移していくためのアクションプラン、**行動を起こすための習慣のつくり方**を説明します。知識を行動に移すためには、この部分がもっとも重要となります。

昔の私は、目標は毎年立てるものの、ぜんぜん実行できないまま同じ目標を次の年も立てるという負け体質でしたが、今では、定めた目標はすがりついてでも達成する勝ち体質に転換できたと自負しています。

これは「コーポレートアスリート」のトレーニングのおかげ。自分のエネルギーマネジメントに大きな変化を起こし、結果を出すやり方を学んだからです。

最初に私が「習慣の力」を心底実感したのは、これまたランニングでした。それまで運動を定期的にしたことのなかった私が、「フルマラソンを1年後に完走する」という目標を立て、それを達成できた。また、その副産物として初めて体重のコントロールができたのは、まさに「習慣」に着目したからなのです。

あなたが、自分が今一番鍛えるべきことは、《身体のエネルギー》の中の、とくに運動習慣だと思ったとします。そうは言っても、今までだって運動の重要性はわかっていたし、前にもちょっと走ってみようと思ったことがあったりしませんか？

それが続かないから困っている、という声が聞こえそうです。わかってはいることを行動に移せるのと移せないのとでは、大きな開きがあります。

第4章で、自分のストーリーを書き換えましょう。というお話をしました。私がランニングを習慣にしたときのストーリーはこうでした。

▼現在のストーリー

「ランニングを習慣にしてみたいけれど、続かない。なぜならば、2人目の子どもが生まれたところで、普段は仕事から帰ってきたら2人の子どもの面倒をみるだけで時間がなくなるし、週末にはたまった洗濯や掃除をしないといけないから」

▼新しいストーリー

「私はランニングを習慣にできる。なぜならば、チャレンジが私にとってはもっとも大切な価値観の1つで、1年後のフルマラソンにチャレンジしてみたいから。そのために週末だけ走ることは、自分の成長に大切な投資になるから」

ストーリーを書き換えたとき、実行に移すために最初にすることは、行動をどう習慣化するかを考えて、そのためのアクションをすることです。

習慣の力を理解し、習慣をつくれるようにする。これが自分を変えて行動に移すためにもっとも重要なことなのです。

振り返ってみてください。今日あなたが起きてから取った行動。その中のどのくらいが意図してやったことでしょうか？

朝起きる……トイレに行く……水を飲む……顔を洗って歯を磨く……朝食の準備をして食べる……服を着替える……8時に家を出る……

ほとんどの行動は、あえてこうしなければというものではなく、毎日自然に行っていること。いちいちこうしなければと考える前に、勝手に身体が動くこと、すなわち習慣ではないでしょうか？

誰でもいちいち考えて行動することは邪魔くさいですし、後回しにしたくなったり、やめたくなったりします。でもそれが、考えずにできる習慣であったら。身体のほうが先に

動くのです。私が自分のランニングについて人に説明するときによく使うのは、

「歯を磨くように走り出す」

ということ。つまり私にとって走るということは、いちいち考えて行っていることではなくて、朝起きたらスイミングがない日は自動的に走り出す、というくらい習慣化されていることです。

走り出すことを考えることはなくても、走らなければ気持ちが悪い。歯を磨かなければ気持ちが悪い、というのと同じレベルのことになっています。

もちろん、生まれつきや、小さい頃からそうだったわけではありません。歯磨きであれば、私の子どもたちでも、小さい頃はいちいち私が「歯を磨くよ！」と号令をかけなければ磨いていなかったですし、最初の頃は親が磨いていました。

それがだんだんと、毎日やらないといけないこと、磨かないと気持ちが悪いとか、磨かないと外出時に格好悪いと感じることで、習慣になっていきます。

ねばって繰り返せば習慣化できる

では、大人が新しい習慣をつくるにはどうすればいいのでしょう？　新しいストーリーを書き出した私は、まず「フルマラソンを1年後に走る」と決めたために、最低でも週末土日に30分ずつ。後半シーズンに近づいてくると、日曜日には1時間走る習慣をつくる計画を立てました。

ここでのポイントは、漠然と走るのではなくて、**いつから、どのくらいの距離を走るかを決めてしまう**ことです。私は土日の午前中に注目し、主人が家にいて、子ども向けのTV番組が多い時間を選び、ここで30分〜1時間にしたことで、ぐっとやりやすくなりました。

グズる子どもも、いつも見ているTVの間であれば、私がいないのを気にしませんし、それこそ子どもにとって週末のTVを見ることは習慣なので、私がそれに合わせて自分時間での習慣をつくれたのです。

次に重要なのが、**習慣になるまで繰り返す**ことです。何かが自分の習慣になるのに、だいたい2〜3カ月かかるものです。逆に言うと、2〜3カ月続けられれば、その行動を取ることのほうが当たり前になって、習慣を続けることが楽になります。

習慣にするときのポイントは、次のとおりです

①行動に移しやすいように、具体的な行動目標を曜日や時間を含めて決める

一度決めたら最初にいつやるかも決めてしまう。後回しにしない。例えば、明日から、今週の週末から。

②最初の2〜3カ月は意図的にがんばって繰り返す

そのためにも欲張って行動目標をつくりすぎない。

③行動が取りやすくなる「サポートシステム」を持つ

私の場合であれば、土日の子ども用TV番組、多くの方がやっているのがランニング練習会への参加、SNSでの「私は今週から土日走ります」という宣言。

④1度や2度できないことがあっても諦めない

そのままやめてしまえば終わってしまうが、また始めれば問題がない。

何カ月かたったとします。梅雨の季節に入って週末は雨。ちょうど疲れてきた頃で、今日は雨だからやめておこうかとなると、だんだんと走らないことが習慣になってしまいます。

私はそれを避けるために、雨でも走るのが当たり前と思うようにしていました。きっかけは、雨でもレースがあるのを知り、また夏のレースだとミストの中を走ることもあって気持ちよかったりするので、濡れることは問題ではないとわかったから。

また、ちょうどこの頃はいつも、家では子ども2人と一緒で、自分1人になれる時間が唯一ランニングの時間だったこともあり、「ランニング＝自分の時間の楽しさ」に目覚めたから、というのもあります。

ちょうどこの頃、ダイエットを兼ねて走ろうと思っていたので、「ランニングのカロリー消費はだいたい体重×走ったkm」というのを教えてもらい、その分お菓子を食べたり、授乳が終わってからはビールを飲んだりと、走るご褒美がついてきた、というのも大きな動機づけになりました。

この、**「習慣化にご褒美がついてくる」**というのは、習慣をつくるときには使えるポイントです。子どもなら、歯を磨いた日はシールをカレンダーに貼れるといったシンプルなことで十分です。

もう一つ、習慣にするときのポイントとして、**「○○をやめる」のではなく、「○○をする」というプラス行動の習慣にする**ことです。わかりやすい例が禁煙。「タバコをやめる」という習慣はつくりにくいでしょうが、「タバコが吸いたくなったらガムをかむ」というのなら習慣にしやすくなります。

仕事での習慣のつくり方

自分だけの強烈な強みをつくる

スポーツなら、習慣の力で目標を達成するのはわかりやすいのですが、仕事で習慣をつくるとはどういうことでしょうか？

私の場合では、マーケティングディレクターの時代に、当時の上司の、「自分のキャリアを構築するために、自分が武器にできるものを持ちなさい」という言葉に触発されて始めた「スキンケアプロ習慣づくり」です。

P&Gでは、毎年上司が部下の査定と同時に、キャリアの目標などの相談に乗ってくれます。すべての上司が、ビジネスの結果とともに、組織の構築目標、とくに部下育成の具体的な目標を持っていますので、上司も査定のときだけではなく、いつでもキャリアの相談にのってくれます。

インド系アメリカ人の私の上司が、あるとき、

「野上さん、この会社には、頭のいい人、仕事で結果を出している人なら、ものすごい数がいる。ここからキャリアを構築していくには、**会社に自分だからこそ貢献できる武器、〝売り〟を持っていないとだめだ**」

とアドバイスをくれたのです。

彼の場合は、アメリカ人で初めてアジア市場でスキンケアのビジネスを伸ばした経験があったからこそ、当時の極東アジアのスキンケアビジネスのバイス・プレジデントに比較的若く抜擢されたのだと教えてくれました。

これは、私にとっては、まさに目から鱗のアドバイスでした。それまで、とにかく一生懸命働いて結果を出していれば、キャリアは構築できると思っていたのが、会社における

自分の売りを見つけ、自分の希少価値を上げろと言われたわけです。

これが私のキャリアにとって、まさに最大のアドバイスとなり、日本人初のマックスファクタープレジデントにつながったのでしょう。

このアドバイスに基づいて、まず私が行ったのは、いつも自分がブランドをマーケティングするときに使う手法、つまり自分が他人と比べて同等に強くないといけない点、マーケティングでいう必要最低条件、少なくとも他者と同等に持っていないといけないスキルと、自分が競合より優位な点、それは必要十分条件で、自分の強みになりうるスキルを見つけることでした。


ここでの競合とは、厳密には競合ではないのですが、自分が会社に提供できる価値を上げるという観点から、ほかのマネージャーということになります。例えば、グローバルでビジネスを行うコミュニケーション能力などは、往々にして必要最低条件です。

ほかのマネージャーと違う特徴として私が当時意識していたのは、自分が日本人、しかも女性であることと、自分が当時世界でもっとも大きな市場であった日本と韓国のSKⅡのビジネスを担当しているということでした。

しかも、このコンビネーションは、非常にパワフルな競合優位性になる可能性を持っていました。なぜなら、「日韓のスキンケアビジネスの経験者×日本人の女性×グローバル企業のマネージャー」というコンビネーションが、社内にも社外にもなかなかない組み合わせだったからです。

私が「これで行こう！」と思った瞬間です。

強みづくりのためなら継続できる

そこで私が立てた目標は、「日韓のスキンケア（つまり世界第1と第2の市場）のエキスパートといえば野上」と言われるようになること。

そして、私の習慣というのは、毎日2時間強の通勤時間すべてを、業界の勉強に当てることでした。ここでも、自分の組み合わせの特徴を生かして、日本語の業界紙誌はもちろん、英語の業界紙誌、レポート、はたまた美容誌や女性誌はじめ関連する資料を読みふけったのです。

1日たった2時間の習慣です。それでも、ちりも積もれば山となる。1カ月で40時間以上、1年で480時間ですから、ものすごい知識量になります。

また、英語、日本語を両方読んでいますので、どちらからの質問にも答えられます。**人が知らない量の知識と情報を私が毎日の蓄積によって持てている。**これが自分の大きな自信につながって、マネジメントのレビューのときにも、市場の状況や分析をビジネスに意味のある形で話せるようになり、着実に、「日韓のスキンケアといえば野上」という信頼を得られるようになりました。

当時の日本の上司とカテゴリーの上司両方から、何か知りたいことがあれば、まず連絡をもらうようになったのがその証拠だと思います。まさに、習慣による「継続は力なり」のよい例です。

ラッキーだったのが、化粧品市場にはグローバル市場でも対処しなければならない優秀な日本の競合がたくさんいたこと、そして市場の成り立ちが複雑なため、日本を知らない、カテゴリーを知らないグローバルマネジメントには、解説なしでは理解しにくかったことです。

最初のうちは、自分が日本やアジアの市場とほかの市場との違う点を理解し切れていなかったこともあって、どう説明すればわかってもらえるのかに苦労しましたが、ラッキーなことに日韓のスキンケアはとても重要なので、たくさんのグローバルマネジメントに説明する機会を持つことができ、そのうち自信を持って説明できるようになりました。

また、普段から市場の比較データなどを意識して探してファイルしておいたので、説明にも説得力が生まれました。同時に、「日韓のスキンケアのことなら、とりあえず野上に聞け！」という社内の評判も生まれ、まさに好循環を生むことができました。

この経験からも、私は真剣に専門性を持とうとしている人に対して、それが後輩であれ部下であれ、尊敬の念と信頼を置くようになり、またそれが仕事を任せることにもつながりました。

人と違う分野で習慣を積み上げ専門性を高める

P&Gが小売流通のブランド育成における重要性に気づき、FMOT（最初の真実の瞬間）という言葉をつくって、店頭におけるブランディングの重要性を世界に一気に広めた時期がありました。

この時期に、FMOT、ショッパー（消費者ではなく店頭における購買者）マーケティングという新たな専門性が生まれ、その専門性を重視したグループが各国でつくられました。私の部下にも店頭マーケティング部門を担うマネージャーがいました。彼はいつも次のような自己紹介をします。

「趣味は、お店とショッパー（買い物客）です。私は去年は700人のショッパーに会い、350時間一緒に過ごしました」

いくら私が店頭マーケティングの部署を見ていようが、彼より経験が長かろうが、このショッパーに対する情熱と知識量にかなうわけがありません。はたから見ていても、彼は前職でブランドマネージャーをしていたときよりも、ずっといきいきと働いていて、大きな信頼を集めていました。

店頭まわりのリサーチというのは、一般的なマーケティングリサーチのように消費者を集めてグループインタビューをしたり、家に伺って実際に商品を使っているところを見てインタビューするのではなく、店頭や店頭を模した環境を見て、その後にインタビューする方式を取ります。

これに特化した形で学んでいくことで、彼は自分の専門性を着実に強化していたのです。専門性が異なれば、店頭に特化して学んだ時間では、ほかのマーケッターには負けない蓄積ができ、会社が新たに注力した分野にいち早く時間と労力を費やしたことで、専門性を強化して自信をつけたよい例です。

ランニングと、ビジネスのプロとしての専門性の構築の2つの事例で、目標を立てること、そしてその目標に向かって蓄積できるよい習慣を考え出し、それを実行に移すことがいかにパワフルかを説明しました。

この手法は、あらゆる分野で、自分が何かを大きく変えたいときに使えます。

138頁のところで、残業をテーマに自分のストーリーを書き換える話をしました。これをまとめ直すと次のようになります。

▼現在のストーリー

「私は残業をせずに帰りたいけれど、帰れません。なぜならば、上司よりも先に帰ると仕事に真剣に取り組んでいないと思われるからです」

▼新しいストーリー

「私は必ず、週に2日は残業をせずに家に帰ります。今回は必ずこれができます。なぜならば、私がもっとも大切にしているのは家族で、家族との時間をきちんと取ることは、自分の最大の価値だからです。また、私が家族を大切にしていることを伝えるのに必要だからです」

ここまでで、変わることの必要性と、必然性を自分の中で確認できました。次は、変わるための習慣をつくります。習慣ですから、残業をするしないではなくて、

「月曜日と水曜日はあらかじめスケジュール帳に6時に帰社する予定を書き込み、アラームをならす。5時55分になったらパソコンの電源を落として7時に帰宅。必ず家族で食卓を囲み、8時からみんなで○○というTV番組を見る」

のように、**行動計画を細分化・具体化していきます。**

習慣づくりを支える仕組みをつくる

最後に、この**習慣を最初の3カ月間で確立するサポートシステムをつくります。**トレーニングでは、3週間後に自分宛ての手紙を書いて投函します。手紙の内容は、3週間後の自分が習慣づくりのためにがんばるような応援です。

「きっとできているよね」

「もう6回もみんなで食卓を囲んで、子どもたちからは、だんだん飽きられてきている頃では？」

「もしまだ2回や3回しかできていなくても、くじけないで！　きっとできる」

そして、いろいろなサポートシステムのアドバイスをします。

やりやすいのは、宣言してしまうこと。「現在のストーリー」では、上司よりも先に帰ることで、仕事に対する姿勢を問題視されるのでは？　という懸念がありました。であれば、早く帰りたい日には必ず8時までに会社に来ることを条件として、上司に相談してみてはどうでしょう？

相談してみれば、上司は先に帰られることを実は気にしていなかったかもしれません。あるいは、週に2日先に帰れるように自分にできることは何かを、上司や同僚に相談してみてもいいかもしれません。

まわりを巻き込んで行動を宣言してしまうと、自分をやらざるを得ない状況に追い込むことになりますので、習慣化する3カ月間をとにかくがんばれると思います。

意識しなくても5時55分にパソコンの電源を落とせるようになったらしめたもの。自分がワーキングマザーになってつくづく思ったのですが、お尻の時間が決まってしまうと、働き方が自動的に変わります、というか変えざるを得ません。

ワーキングマザーの場合、たとえ何が起ころうと、時間どおりに帰れなければ、自分の子どもが保育園で最後の居残り、最悪の場合は路頭に迷うわけですから、帰らざるを得ません。私も泣きたくなる思いで帰って、でもその分次の日に早く来たら、追い詰められている分とんでもなく効率が上がって、結局帳尻が合ったという経験を何度もしています。

これで、行動変革を起こすステップを理解していただけたでしょうか？　次に、習慣化するためのポイントを再度まとめておきますので、チェックリストとして使ってみてください。

私が担当していた「コーポレートアスリート」のトレーニングでも、できるだけ一人ひとりのケースの相談に乗って、とくに習慣化しにくい目標のお手伝いをしていました。チェックリストを使いながら、同じように行動目標をつくりたい人に相談しながらやってみるのもいいかもしれません。

【習慣化のためのチェックリスト】

- □ あなたの隣にエネルギー計はありますか？　今のエネルギーレベルを答えられますか？
- □ あなたは、自分が《身体・感情・思考エネルギー》をしっかり鍛えるように意識できるようになりましたか？

□あなたが人生で大切にしていることは何ですか？　それは、毎日の仕事とどう結びついていますか？

□あなたが今一番変えたいこと、始めたいことは何で、それをストーリーにしましたか？

□次の習慣化計画をチェックしましょう

□行動に移しやすいように、具体的な行動目標を曜日や時間を含めて決める

□3カ月後の自分に応援メッセージを書く

□行動が取りやすくなる「サポートシステム」を持つ（宣言、ご褒美など）

□1度や2度できないことがあっても諦めない

ここまできたら、自分の向かいたい方向や、鍛えたいエネルギーの分野は明確ですね。であれば、必ず実行できます！

プロフェッショナル50年、いや60年キャリアに向けて自分を鍛えていきましょう！

エネルギーを増やす、あるいは自分が仕事や私生活で変えたいことは、「習慣化」のための行動計画で実行に移していく。そのための重要な点は次のとおり。

第6章のまとめ

① 《精神のエネルギー》で練習した「新しいストーリー」を書き、変えたい点を明確にした上で、変えられる理由と自分の重要な精神を結びつける。
② 行動に移しやすいように、具体的な行動目標を曜日や時間を含めて決める。
③ 1度決めたら後回しにせず、いつやるかも決めてしまう（例えば、明日から、今週末から）。
④ 最初の2〜3カ月は意図的にがんばって繰り返す。そのとき欲張って行動目標をつくりすぎない。
⑤ 行動が取りやすいような「サポートシステム」をつくる。周囲に自分の行動目標を宣言したり、3週間後の自分に宛てた応援メッセージを書いて、後日取り出して読むようにする。
⑥ 1度や2度できないことがあっても諦めない。そのままやめてしまえば終わってしまうが、また繰り返せば問題ない（⑤の応援メッセージに入れておきましょう）。

おわりに

「家庭も趣味も諦めずにキャリアを積んでこられたのはなぜですか？」

と聞かれることがよくあります。

「仕事も家庭も手に入れたい」……これが私の原点です。トレーニングを通して自分を見つめ直し、チャレンジと成長への強い欲求と、家族を思う気持ちを確認してきました。

子育てとキャリアアップを同時に体験した30代は、〝ストレッチ〟された大変な時代だったと、今になって思います。

でも振り返ったときに、このときに〝ストレッチ〟されたからこそ、ビジネスのプロとして大きな成長を実感でき、ワーキングマザーとして子どもたちや主人、両親から多くの素晴らしいサポートと経験をもらうことができました。

ずっとつけている写真日記は、私にとっての宝物です。成長していく子どものそばで、公私どちらの世界でも成長していきたいという強い思いをいだき、大変さと達成感は裏表であることを実感しました。

自分がこんなに楽しく働けているのだから、会社の人にも毎朝ワクワクする気持ちで来てほしい。仕事にやりがいを感じてほしい。モチベーションを持ってほしい。こういう強い思いがあります。

これからも、〝トレーニング負荷〟を、身体にも感情にも精神にもかけていって、自分を鍛えつづけ、キャパを上げていきたいと思います。そして常に、

「なぜ自分は生きているのか」

「何が楽しく、やる気につながっているのか」

を問いつづけることで、働くことと生きることを分けずに、１つの人生、１人の私にしていきたいと思っています。

仕事も、私生活も、私らしく、めいっぱい！
〝両方充実人生〟——始めてみませんか？

著者

野上 麻理（のがみ まり）

◎1969年大阪府生まれ。大阪外国語大学（現大阪大学）卒業後、プロクター・アンド・ギャンブル（P＆G）ジャパン㈱入社、マーケティングに従事。第一子出産後、SK-IIブランドマネジャー、東アジアスキンケアマーケティングディレクターに就任する。
◎第二子出産後、37歳で部下が2000人を超えるマックスファクタージャパン（P＆Gスキンケア・化粧品事業部）のプレジデントに就任。P＆Gブランドオペレーション＆マーケティングヴァイスプレジデントを経てアストラゼネカ㈱プライマリーケア取締役事業本部長に着任。執行役員マーケティング本部長として国内全製品のマーケティングを統括し、スウェーデン海外赴任。グローバルポートフォリオグループの呼吸器領域・吸入療法製品のグローバルブランドヘッドに。
◎帰国後、アストラゼネカ㈱の執行役員コマーシャルエクセレンス本部長、呼吸器事業本部長。その後、2018年9月から武田コンシューマーヘルスケア㈱（現アリナミン製薬㈱）取締役社長、2021年4月から9月までアリナミン製薬副会長。
◎趣味は息子の誕生とともに35歳で始めたマラソンで3時間15分を切り、トライアスロンデビュー。石垣島トライアスロンで年代別2位。

ピークパフォーマンス
効率と生産性を高め、成果を出し続ける方法

2021年10月6日　第1版 第1刷発行

著者　野上麻理
発行所　WAVE出版
〒102-0074 東京都千代田区九段南3-9-12
TEL：03-3261-3713　FAX：03-3261-3823
振替：00100-7-366376
E-mail：info@wave-publishers.co.jp
https://www.wave-publishers.co.jp
印刷・製本　萩原印刷

NDC360　207p　19cm　ISBN978-4-86621-374-3